지암(遲庵)의
해산록(海山錄)

原著 李東沆
譯註 崔康賢

國學資料院

머리말

　필자가 기행문학 작품에 관심을 가지고 읽으며 연구하여 온 지도 어느덧 20년이 넘는다. 그 결과 우리 학계에서는 최초로 <한국기행문학연구(韓國紀行文學硏究)>라는 제목을 가지고 문학박사 학위도 받을 수 있게 되었다. 그 후로는 우리 국문학계에서 이 방면의 연구 논문으로 문학박사 학위를 취득한 사람들이 꽤 나오게 되었으니, 앞으로의 전망은 대단히 밝다. 아울러 필자는 한국 기행문학 연구의 선편을 들고 황무지의 거친 길을 외롭게 개척한 당사자로서의 대견함을 느끼기도 한다. 더욱이 후학들로부터 기행문학 연구에 관한 질의 응답과 깨우침에 대한 고마움을 전하여 올 때에는 나름대로의 어떤 사명감을 느끼기까지 한다. 그래서 후학들의 연구 자료와 일반인들의 교양을 넓히기 위하여 꼭 읽어야 할 독본(讀本)으로서의 기행문학 작품의 보급에 조그만 힘이나마 아낌없이 바쳐서 도서관의 먼지 속이나 개인 가정의 다락방 구석에 사장(死藏)되어 있는 기행문학 자료의 발굴과 번역의 고독한 길을 군소리 없이 혼자 걷지 않을 수 없게 되었다.

　여기 소개하는 지암(遲庵) 이동항(李東沆)선생께서 지으신 이

<해산록(海山錄)>은 필자가 조사하여 정리한 역대 금강산문학(金剛山文學) 자료로서의 기행록 중에서 200번에 가까이 드는 18세기 후반의 작품이지만, 아직까지 학계에 널리 공개되지 않은 미공개 작품이라는 점에서 먼저 번역되게 된 것이다.

막상 번역을 마치고 나니까 어려운 문자로 표현하여 욕교반졸(欲巧反拙)도 되고, 또 선대 어른의 뜻깊은 표현을 노어불변(魯魚不辨)의 어리석음과 무지로 인하여 잘못 번역한 곳도 없지 않을 것이 염려되기도 한다. 그러나 읽어 주실 여러 어른들이 행여 잘못을 발견하여 지도 편달을 아끼지 않으신다면, 앞으로 더욱 완전에 가까운 번역으로 고치는 일은 그리 어렵지 않을 것이라고 생각되기에 감히 이 역주본을 세상에 내어 놓기로 한 것이다.

이 중의 해제는 1994년 <홍익어문> 14집에 "금강산 기행문 해산록(海山錄)을 살핌"이라는 제목으로 발표하였던 것을 약간 고쳐 독자의 이해에 도움을 주고자 하였다.

끝으로 지은이의 후손으로 이 책이 간행될 수 있도록 많은 격려와 자료의 제공을 신경 써 주신 이수도(李壽陶)교수님과 평소에 모아 두었던 금강산(金剛山) 관계 그림들을 삽도로 활용할 수 있게 제공하여 준 박은순(朴銀順)박사님께 특히 감사의 뜻을 전하면서 아울러 이 책을 선뜻 간행하여 주신 출판사 국학자료원의 정찬용(鄭贊溶)사장님을 비롯한 사원 여러분들께도 고맙다는 인사를 드린다.

　　　　　　　　　　단기 4328년 조국 광복 50주년의 기념일
　　　　　　　　　　하늬다리 바람집에서 길밭 최강현 씀

於仁義禮智之本然七情之情外物觸其形氣而動
於中也是猶道心人心同出一心而原於性命則為
道心生於形氣則為人心者也辨與圖分析明白可
以闡發先生已定之論而劈破其樂渾全惡分開
之諸說也公於易學潛心玩索忘食廢寢探賾索交
易愛易之理精究于吉山消長之機不泥訓詁往往
有獨得之妙著則河圖畫卦說則洛書排卦說以為
河圖洛書并出於伏羲之時先儒劉牧輩已有圖書
并出之論伊川先生亦從其說易大傳曰天生神物
聖人則之天地變化聖人效之天垂象見吉山聖人

遲庵公(諱 東沆)遺墨

遲庵公諱東沆之墓
慶北 漆谷郡 枝川面 昌平洞 主峯

해산록(海山錄)

　풍악산(楓嶽山:金剛山의 다른 이름인데, 대체로 가을철의 금강산을 이름-높이 1638m)의 산줄기는 북관(北關:옛 함경남도 安邊에 있던 鐵嶺關의 이북 땅이라는 뜻)에서 솟아 오른 백두산 (白頭山:不咸山이라고도 하는 우리나라의 聖山, 중국에서는 長白山이라고 함-높이 2749m)의 남쪽 가지가 달려 내려와 경성(鏡城:옛 함경북도에 딸린 지명)의 서북에서 장백산(長白山:옛 함경북도 茂山郡에 있는 산)이 되고, 갑산(甲山:옛 함경남도에 딸렸던 지명)의 동쪽에서는 황토령(黃土嶺)과 후치령(厚致嶺:옛 함경남도 北青郡에 있던 고개로 厚峙嶺이라고도 썼음-높이 1335m)이 되고, 북청(北青:옛 함경남도에 딸렸던 지명)의 북쪽에서는 두무산(頭蕪山:옛 함경남도 洪原郡에 있던 산)이 되고, 함흥(咸興:옛 함경남도 도청소재지)의 서쪽에서는 황초령(黃草嶺:옛 함경남도 新興郡에 있던 고개 이름)이 되고, 영흥(永興:옛 함경남도에 딸렸던 지명)의 서북쪽에서는 검산(劒山)이 되고 고원(高原:옛 함경남도에 딸린 지명)의 서쪽에서는 기린산(麒麟山:옛 함경남도 신흥군에 있는 산)이 되고, 문천(文川:과거 함경남도에 딸렸던 지명)의 남쪽은 마식산(馬息山:일명 馬息嶺, 魔樹嶺-높이 788m)이 되고, 덕원(德

源:과거 함경남도에 딸렸던 지명)의 서쪽에서는 설운령(雪雲嶺)과 분수령(分水嶺)이 되고, 안변(安邊:옛 함경남도에 딸렸던 지명)의 서쪽에서는 철령(鐵嶺:옛 함경남도 안변에 있었던 고개 이름, 高麗時代에 關을 두어 그 이북을 關北 또는 北關이라 하였음-높이 685m)이 되고, 남쪽에서는 황룡산(黃龍山:안변의 鎭山)이 되고, 통천(通川:옛 강원도에 딸렸던 지명)의 서쪽에서는 추지령(秋池嶺)과 쇄령(瑣嶺)이 되고, 고성(高城:현 강원도에 딸린 지명)의 서쪽에서는 온정령(溫井嶺:高城땅에 있는 지명)이 되어 비로소 엉겨 뭉쳐져 우뚝 솟아 바다를 짓누른다. 바로 이것이 풍악산(楓嶽山)

백두산 천지

이다.

남쪽으로 가면, 간성(杆城:강원도에 딸린 지명) 화엄사(華嚴寺:아마도 지금의 洛山寺를 이른 듯함)는 물가 언덕이 되었다가 다시 설악산(雪嶽山:현 강원도 高城郡과 襄陽郡, 麟蹄郡에 있는 산-높이 1708m)과 오대산(五臺山:현 강원도 溟州郡, 平昌郡, 洪川郡에 있는 산-높이 1563m)과 태백산(太白山:현 강원도 太伯市와 경상북도 奉化郡에 있는 산-높이 1560m)과 소백산(小白山:현 경상북도 榮豊郡, 충청북도 丹陽郡에 있는 산-높이 1440m)의 줄기로 일어났으니, 추지령에서 화엄사에 이르기까지를 통털어 풍악산이라고 일컬어서 자연의 아름다움이 700여리에 이른다.

그 이름은 넷이 있으니, 첫째는 풍악이고, 둘째는 개골(皆骨:주로 겨울 금강산의 이름)인데, 세상에서 이르는 말이고, 셋째는 기달(怾怛)이고, 넷째는 금강(金剛)인데, 이는 불가(佛家)의 말이다. 황엄경(華嚴經:大方廣佛華嚴經의 준말)에 "바다 가운데 금강산과 지달산이 있다"는 말이 실제로 있으므로, 금강이란 말이 가장 유명하다.

대체로 신라(新羅)와 고려(高麗)때부터 불교를 숭상하여 승려들이 두루 나라 안의 명산과 큰 산에 흩어져 살면서 불교식 이름으로 산과 물을 일컫지 아니한 곳이 없으니, 풍악산은 그 중에서도 더욱 심하였다. 남추강(南秋江:이름은 孝溫, 1454-1492, 자는 伯恭, 다른 호로 杏雨가 있음, 生六臣의 한 사람, 저서로 <秋江冷話>, <師友錄> 등이 있음. 南孝溫은 1485. 4. 15-윤4. 21간에 여행한 金剛山記가 있다)과 조이재(曺頤齋:이름은 友仁, 1561-1625, 자는 汝益, 다른 호로 梅湖, 怡齋, 峴南이 있음, 벼슬은 右副承旨를 지냄, 저서로는 국문가사집 <頤齋詠言>이 있고, 文集으로 <梅湖集>이 전한다. 曺友仁은 1623년 가을에 쓴 국문가사 關東續別曲이 있음)가 일찍이 이를 분하게 생각하고 이름을 바꿔 부르려 하였다. 그러나 하늘이 만들고 땅이 만든 기이한 경관과 뛰어난 구경꺼리가 어찌 더러운 이름이라고 하여서 해로워지겠는가?

20리의 사이에 높은 산봉우리가 깎아 지른 벽과 같고, 나무가 울창한 큰 골짜기가 겹겹이 이어져서 동쪽을 보면 아찔하고, 서

정선의 금강산 전도

쪽을 보면 길을 잃겠어서 그 산골짜기의 끝을 샅샅이 다 찾아볼 수가 없었다. 수없이 늘어 서 있는 많은 산봉우리들은 옥을 모아 놓은 듯도 하고, 아름다운 꽃들이 화려함을 다투는 듯하여 멀리서 풍악산을 바라보면, 삼색 구름이 빽빽하게 우거진 듯하고, 가까이서 보면, 흰눈이 쌓여 있는 높은 산봉우리와 같아서 빛깔은 깨끗하고, 기이함은 교묘하여 인간 세계의 티끌 먼지를 다 씻어버린 신선 세계와 같았다.

원(元)나라 천자(天子:여기서는 재위 1341-1370의 順帝를 이름)는 보시(布施)를 하고, 명(明)나라 고황제(高皇帝:여기서는 재위 1368-1398의 明太祖)는 기뻐하며 감탄하였다(1396년 權近이 두번째 중국에 들어가 明太祖 朱元璋에게 金剛山詩를 지어 보여 감탄시킨 일이 있음). 우리 나라 밖의 야만인들까지도 이 풍악산을 우러러보는 것은 대체로 부러워하는 소문을 들은 데서 나온 것이다. 해외의 궁벽한 시골에 머물러 살고 있어도 천하에서 웅장하고도 기이한 경치로 이름난 것은 신령스럽고 참되어 신선들만이 산다는 아름다운 세계로 믿어졌기 때문이다. 이 까닭으로 모든 사람들이 보고 싶어 하는 것이다. 헌데 우리 나라 사람으로 산밑에 태어나서 평생토록 이 산을 구경하지 못한다면, 동쪽의 노(魯:현 중국의 산동반도(山東半島)에 있었던 春秋시대의 나라 이름)나라에 나서 살며 공자(孔子)님을 뵙지 못한 것과 다를 것이 없을 것이다.

나도 또한 풍악산을 구경하고 싶은 생각을 가진 것은 오래 되었다. 그러나, 끝내 한 번도 가보지 못하였다. 다만 선배님들이 남긴 유록(遊錄)을 읽으면서 정신적으로 상상만 하여 보았을 뿐이었다. 정조 14년 경술(庚戌:1790) 가을에 한강(寒岡:성명은 鄭

述, 1543-1620, 자는 道可, 벼슬은 大司憲을 지냄, 저서에 <寒岡先生文集>이 있다)과 여헌(旅軒:성명은 張顯光, 1554-1634, 자는 德晦, 벼슬은 知中樞府事를 지냄, 저서에 <旅軒先生文集>이 있다) 두 선생님들의 문묘 배향(文廟配享)에 관한 상소의 일로 서쪽길로 서울에 들어와서 목윤중(睦允中) 경집(景執)과 우경모(禹景謨) 사앙(士仰)과 최홍진(崔鴻晉) 석장(石章)과 함께 풍악산 구경을 가자고 약속을 하였다. 이듬해 봄에 상소의 일이 이미 해결되었으므로, 나는 한 필의 말과 한 사람의 종을 거느리고 남성(南城: 南漢山城)으로 떠나서 우경모의 집에서 10여일을 머물면서 동쪽 지방으로의 여행 준비를 같이 하였다.

채제공

3월 27일, 일행이 수표교(水標橋:현 서울특별시 중구에 딸린 지명, 조선시대에는 청계천의 물높이를 재는 다리가 있었음)에 이르니, 번암(樊巖) 채상공(蔡相公:이름은 濟恭,1720-1799, 자는 伯規, 벼슬은 영의정을 지냄, 저서에 <樊巖集>이 있음)이 술병과 알약과 반찬거리와 종이묶음과 편지첩을 보내어 추요(樞要)한 지위에 있는 사람들에게 전별하게 하고, 또 책력(册曆) 수 십책을 보내어 구석진 시골에서 구비해 두고 요긴하게 쓸 수 있도록 하게 하였다. 그의 노련한 처세술(處世術)이 이와 같이 치밀하였다.

28일, 일찍 길을 떠나서 혜화문(惠化門:현 서울특별시 중구에 딸린 혜화동에 있었던 옛날의 東小門)을 나오니, 집의 조카 경운(景運)과 우경모의 아들 병하(秉河)가 와서 배웅해 주었다. 혼혼정(渾渾亭)의 뒷고개를 넘으니, 때는 마침 늦은 봄이라서 복숭아와 버들잎이 한참 새로웠고 아름다운 봄기운은 노을[霞]이 피어 오르는 듯하였다. 한낮에 다락원[樓院:현 서울특별시 도봉구에 딸린 지명]의 오대제(吳大濟)의 집에 이르니, 참판을 지낸 오대익(吳大益)의 먼 일가 동생이었다. 무장(武將) 이득제(李得濟)의 묘막을 빌려서 살고 있는데, 위치는 도봉서원(道峯書院:현 서울특별시 도봉구 도봉동에 있는 서원)에서 두어 화살이 날아갈 만큼의 거리도 안되는 곳에 있었다. 누대(樓臺)와 못들과 꽃밭과 수풀을 가꾸어 놓은 것이 더할 수 없이 넓고도 화려하였다. 집 주위는 오대제에게 훗날 둘러 보기로 하고, 오후 4시쯤 하여 길을 떠나 의정점(議政店:현 경기도 의정부시)에 이르니, 북쪽으로 달리던 큰 길이 꼬불꼬불 서쪽으로 가게 되었다. 양주(楊州:현 경기도 양주군)의 고주천(古州川)에 있는 최홍진의 선영(先塋) 묘막(墓幕)에서 잤다

  29일, 일찍 밥을 먹고, 길을 떠나서 석문령(石門嶺)을 넘으니, 포천(抱川)땅이었다. 솔모루점[松隅店:현 경기도 의정부시와 포천 사이에 있는 지명]에 이르러 말에게 풀을 먹였다. 이 고을에 사는 승암(勝庵) 허만(許晩)이라는 이가 외처로 여행하기를 좋아하여 풍악산에도 세 번이나 들어갔다가 왔는데, 우리들이 동유(東遊)한다는 말을 듣고, 그 아들 질(瓆)을 시켜 나에게 같이 따라가고 싶다는 뜻을 알려 왔다. 나는 그의 호탕함이 마음에 들어서 지나는 길에 찾아가 만나기로 약속하였다. 목윤중이 말을 타고 먼저 곧바로 허승암의 집을 찾아갔으나, 허승암이 마침 돌림병에

걸렸다는 말만 듣고 서로 만나볼 수조차 없었다. 저녁에 가신리(加萃里)의 용주(龍洲:성명은 趙絅,1586-1669, 자는 日章, 벼슬은 判中樞에 이르렀다. 저서에 <龍洲集>과 通信副使로 일본을 다녀온 기행록인 <東槎錄>이 있음)선생 묘소에 이르니, 초당은 황폐하여졌으나, 공기가 맑고 시원하며, 산골 물이 깊고 그윽하며, 앞으로는 금주산(錦柱山 현 경기도 포천군에 있는 산, 높이 569m)의 많은 봉우리들이 늘어 서 있어서 용주선생의 또 다른 호의 하나가 "주봉(柱峯)"인 것은 이 때문이었다. 주인 조관빈(趙觀賓)은 배운 것이 많고, 글짓기에 능하였는데, 우리들을 위하여 의관 복장을 갖추고 나와서 맞이하기를 정성스레 예의를 지켰다. 인하여 머물러 잤다.

30일, 아침에 허승암(許勝庵:이름은 晩)이 그의 아들 질(瓆)을 시켜서 술과 안주를 갖추어 가져다 대접하며 병으로 인하여 같이 따라가며 지나는 길목에 있는 이름난 고장의 유적과 뛰어난 경치를 소개해 줄 수 없게 된 것을 사과하면서 아쉬움을 탄식하였다. 밥을 먹은 뒤에 길을 떠나서 조성빈(趙聖賓)과 같이 돌모루 마을[石隅村]에 사는 성의 본관이 평양(平壤)인 조정옥(趙鼎玉)의 집에 다다르니, 조정옥은 이미 돌아갔었다. 솔내[松川]에 사는 조정옥의 후손 영보(永寶) 이옥(爾玉)이 맞이하여 대접을 하는데, 아주 극진하게 해 주었다. 우리들과 같이 풍악산을 들어가고자 심히 부지런히 준비를 하였으나, 끝내 비용을 마련하지 못하였다. 살기에 바쁜 사람의 얽매임이 이와 같았다. 조이옥(趙爾玉:이름은 永寶)이 너무 간절히 청하기에 옛글을 전자(篆字)로 수십 장을 써 주었다. 오후에 조이옥과 같이 용주서원(龍洲書院:현 경기도 포천군에 있는 龍淵書院)으로 내려갔더니, 한음(漢陰:성명은

李德馨, 1561-1613, 자는 明甫, 벼슬은 영의정에 이름)과 용주 두 선생님을 모신 곳이었다. 의복을 갖추고 정중히 인사를 올린 뒤에 안으로 들어가서 두 선생님이 남기신 초상을 뵈웠더니, 이선생은 문아(文雅)한 풍채이셨고, 조선생은 고표(高標)하고 청운(淸韻)하여 마치 한가히 옆에서 모시고 우러러 뵈옵는 듯하였다. 시내를 따라 북쪽으로 가다가 만세교(萬世橋)를 건너서 백로주(白鷺洲:현 포천군 영중면에 있는 유원지)에 이르니, 영평 팔경(永平八景)의 하나였다. 청성(靑城)의 물이 칠리탄(七里灘)을 지나 물이 돌아나가면서 깊은 못을 만들고, 그 가운데 15-6m 쯤이나 되는 돌섬이 있으니, 그 크기는 수 십명이 앉을 만하였다. 붉은 돌벼랑에는 푸른 소나무가 서 있고, 흰 모래가 여울처럼 펼쳐저 있어서 그윽하면서도 아득하고 맑으면서도 상쾌함은 멋스러웠다. 돌의 낯에는 용주선생과 이천장(李天章)이 서로 주고 받은 시를 새겨 놓았는데, 이끼가 끼고 물에 글자가 갈려서 읽을 수가 없었다. 옛날에 용주선생이 큰 눈속에서 허미수(許眉叟:이름은 穆,1595-1682, 자는 和甫 또는 文父, 벼슬은 우의정을 지냄, 저서에 <記言>이 있음)를 여기서 송별한 일에 관하여 미수선생이 "백로주기(白鷺洲記)"로 지어 남긴 것이 있다. 백로주를 떠나서 아래로 5리를 내려가면, 시내 위에 기이한 돌이 있는데, 지지(地誌)에는 이른바 "풍류암(風流巖:일명 鳳流

미수의 篆書

巖)"이라고 하였으니, 황추포(黃秋浦:이름은 愼, 1560-1617, 자는 思叔, 벼슬은 호조판서를 지냄, 저술에 <秋浦集>과 <幕府三槎 酬 唱錄>이 있음)의 별장이 있었으나, 지금은 없어졌다. 어두워진 뒤에 양문역(楊門驛)에 와서 잤다.

 4월 1일, 안개가 짙게 끼었다. 일찍 길을 떠나 백운계(白雲溪) 다리를 건느니, 곧 백로주의 큰 물이 운산(雲山)에 있는 노연(魯淵)의 물과 합쳐진 것이다. 영평현(永平縣:현 경기도 포천군에 딸린 지명)에 이르니, 아침해가 비로소 솟아 오르면서 안개가 조금씩 걷히었다. 시내를 따라 서쪽으로 5리를 내려가니, 금수정(金水亭:永平八景의 한 곳)에 이르게 되었다. 한 주먹 흙더미가 돈대(墩臺)처럼 들판 가운데 외롭게 솟아 있는데, 그 모양은 소의 머리통과 같았다. 그러므로 사람들은 "우두정(牛頭亭)"이라고 불렀다. 소나무와 회나무가 얽혀 그늘이 지고, 꽃들과 나무들이 울창하여 어둠침침한 것이 또 다른 산림의 그윽한 지경을 이루고 있었다. 6-7m는 되는 흰 벽이 북쪽 모서리에 솟아서 그 돈대를 감싸고 있으며, 남쪽으로 돌아가면, 깎아지른 듯한 벼랑이 공중에 매달려 있어서 마치 하얀 큰 병풍을 펼쳐 놓은 것 같은데, 운계(雲溪)의 큰물이 북쪽 벽을 세차게 부딛혀 3천평의 큰 못을 이루어 곧바로 남쪽 벽에 닿았고, 정자는 그 산꼭대기에 있어서 시내와 산들을 모두 묶어 쥔 듯하여 그 경치가 뛰어났다. 북쪽 벼랑 위에는 두 개의 돌이 마주 보고 서 있어서 입을 벌리고 있는 듯한 문을 이루고 있는데, 한석봉(韓石峯:이름은 濩, 1543-1605, 자는 景洪, 다른 호는 晴沙, 조선 초기 四大書家, 벼슬은 加平郡守를 지냄)이 쓴 "동천석문 호중일월 취리건곤(洞天石門壺中日月 醉裏乾坤)"이라는 12자의 큰 글씨가 새겨져 있고, 그 아래에는

16 해산록(海山錄)

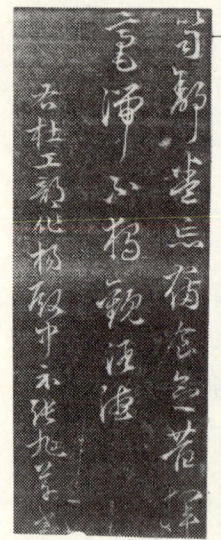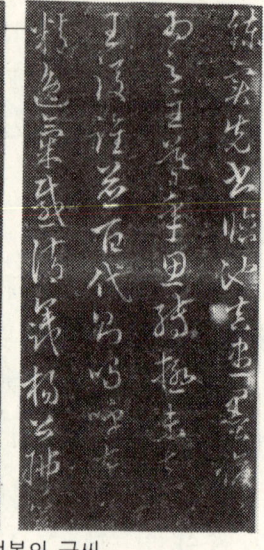

한석봉의 글씨

이상하게 생긴 돌이 툭 튀어 나서 급히 달리는 물길을 막고 있는데, 명(明)나라의 주태사(朱太史:이름은 之蕃,翰林院修撰으로 朝鮮에 皇大孫誕生 詔使로 1606년에 왔었음)가 쓴 "회란석(回瀾石)"이라는 3자의 큰 글씨가 새겨져 있었다. 동쪽 벽에는 양봉래(楊蓬萊:이름은 士彦, 1531-1584, 자는 應聘, 다른 호는 完邱·滄海, 海客, 벼슬은 淮陽, 鐵原 등 여러 고을의 郡守를 지냄, 시와 글씨에 뛰어났음, 저서로 <蓬萊集>이 있음)가 쓴 "부운벽 금수정(浮雲壁金水亭)"이라는 6자의 큰 글씨가 있고, 또 정자의 주인인 김경복(金慶復)이 쓴 "금대 조대(琴臺釣臺)"라는 4자의 큰 글씨가 있고, 남쪽 언덕에는 소고봉(小姑峯)이 있는데, 아름답고도 기묘하며, 단아하고도 수려하여 마치 반조각의 달이 강물에 잠긴 듯하고, 두견화와 소나무와 회나무들이 곧은 절벽에 거꾸로 걸려서 붉은 꽃과 푸른 나무들이 어울려 그 그림자가 맑은 못에 비치고, 못 위에는 흰 모래가 가득 차서 마치 흰 눈이 덮인 듯하며, 모래 가운데에는 구슬섬[瓊島]과 술독바위[樽巖]와 연꽃돌[蓮花石]이 있는데, 술독바위에는 양봉래가 지은 시가 새겨져 있는데, 시어가 맑고 시원하여 속세의 인간이 지은 것 같지 아니하였다. 정자에서 서쪽으로 약 20m쯤 떨어진 곳에 백운루(白雲樓)가 있는데, 이옥동(李玉洞:이름은 敍, 1662-1723)이 큰 글씨로 "김씨연거지소

(金氏燕居之所)"라고 쓴 액자가 높이 걸려 있었다. 누에 올라서 사방을 바라보니, 동쪽은 영평의 백운산과 마주하여 수많은 산봉우리들의 산세가 멀리 있어 흐릿하게 보이고, 푸른 들판은 거친 대로 눈이 다하도록 텅 빈 듯이 넓게 펼쳐져 있다. 멀리로 긴 수풀에는 안개를 토해 내는 듯이 한 가닥 흰 돌무더기가 있고, 밝은 냇물은 멀리 굽이굽이 흰 깁을 널어 놓은 듯 휘몰아 돌아오고, 남쪽 가로는 소고봉이 바짝 붙어서 누각의 문틀을 내리 누르는 듯하고, 맑은 못은 흰 모래가 누각의 창문에 비치니, 옛사람들이 이 금수정을 가지고 "동방 제일 계산(東方第一溪山)"이라고 한 것이 망녕되거나 거짓된 말이 아니었다. 옛날 양봉래가 이 정자를 김씨에게서 빌어서 즐겁게 살면서 늙는 줄을 몰랐었는데, 이제는 이미 고인이 된 학사 김경보(金瓊甫)의 별장이 되어 그 후손 택인(宅仁)이 지키고 있었다. 그 사촌 형인 학인(學仁) 사열(士悅) 형제가 와서 같이 아래 위의 시냇가 돌을 거닐며 즐겁게 지내다가 해가 질 녘이 되어 동쪽으로 정자 아래에 있는 작은 다리를 건너 사열의 집에서 아침밥을 먹을 때에 서울에서 왔다는 이효성(李孝成)이라는 사람이 이웃집에 산다면서 단란히 모여 같이 어울렸다. 밥을 먹은 뒤에 김택인 형제들과 이효성과 함께 소고봉(小姑峯)에 올라서 금수정(金水亭)의 시내와 산봉들의 경치를 굽어보면서 산허

박 순

리를 따라 서쪽으로 내려와 옥병서원(玉屛書院:현 경기도 永平에 있는 서원)에 이르니, 박사암(朴思庵:이름은 淳,1523-1589, 자는 和叔, 벼슬은 영의정을 지냄, 글씨를 잘 썼으며, 저서로는 <思菴集>이 있다)의 위패(位牌)를 모신 곳이었다. 서원 앞에서부터는 동쪽에서 흘러 오는 큰 물을 받아 냇물소리가 맑고 시원하였으며, 북쪽으로는 매우 높은 창옥병(蒼玉屛:永平八景의 하나)이 둘러 싸고 있으며, 서남쪽으로는 큰 산이 에워싸서 한 곳에 모여 있었다. 많은 나무들은 그늘이 드리워 어둠 침침한 것이 너무 푸르러서 흐릿하였다. 넓게 멀리 펼쳐진 들판의 구경거리는 비록 금수정(金水亭)만은 못하여도 그윽하고 고즈넉하며 쓸쓸하면서도 시원한 쪽으로는 금수정보다 훨씬 좋았다. 함께 사당 안으로 들어가 영정(影幀)을 공손히 뵈웠더니, 얼굴도 희고 수염도 희며, 골상은 맑으나, 야위어 산림에 묻혀 사는 은일지사의 태도가 있었다. 임수루(臨水樓)에 올라 조용히 앉았다가 한참만에 누를 내려오니, 흰 돌벽이 물길을 따라가듯 다발로 묶여 서 있어서 구불구불 20여m쯤이나 휘돌아 가는데, 석벽 아래에는 큰 반석이 편편하게 깔려 있었다. 반석은 희고 맑고 깨끗하여 갖가지 기이한 모양을 다 갖추고 있는데, 구덩이와 술통에서 구름상[雲床]을 토하여 내는 것 같기도 하였다. 수경대(水鏡臺)와 백학대(白鶴臺)는 모두 박사암께서 이름지은 것이니, 벽면에 박사암의 시가 새겨져 있었다. 산골 새소리는 때때로 들리는데, 한개 큰 상(床)이 고요하기만 하고, 흩어진 책들은 가련해 보였다. 백학대 앞의 물은 겨우 산문을 나와서 문득 작은 섬을 에워싸며 깊어져서 아름답게 생각되었다. 서쪽벽을 따라 올라가서 그윽히 꽃이 핀 소대(小臺)에 있는 박사암의 견와(鵑窩)의 옛 터를 보니, 주초돌은 아직도 그대로 있었다. 산을 북쪽으로 내려 오다가 창옥병(蒼玉屛) 밑에 이르러 머리를 들어 쳐다보니, 만길 철벽(鐵壁)이 구름과 하늘 사이에 치솟아 있고, 큰 깃발들이 휘날리듯 들쑥날쑥 가파른 산봉들의 기이한 모습은 말로 표현할 수가 없었다. 김택인이 어린 종을 시켜 술과 안주를 가져 오게 하여 시내 위 흰 자갈 밭에 늘어 앉아 잔을 돌리며 나누어 마시다가 어두워서야 금수정으로 돌아와 밤에는 백운루(白雲樓)에서 잤다.

초2일, 김택인 형제들과 이효성을 위하여 옛 전자[古篆字]를 큰 글씨로 써 주고, 늦게 밥을 먹고 길을 떠나서 영평현(永平縣)을 거쳐 북쪽으로 5리를 가서 북쪽으로 통하는 큰 길을 만나 운천점(雲川店)에 이르러서 말에 말먹이를 먹일 때에 금강산(金剛山)에서 돌아 온다는 영남(嶺南)의 중을 만나 산중의 소식을 물어보니, "내산 고개에는 얼음과 눈이 아직도 녹지 않고 있으며, 만천동(萬川洞)에는 꽃이 새로 피기 시작하였습니다."라고 하였다. 작은 고개를 넘으니, 관문(關門)이 탁 트여 경계가 나뉘어지는 땅이 되었다. 산이 열리고, 들판은 넓게 펼쳐져 40여km가 통하는데, 올망졸망한 마을들이 띠처럼 둘린 소나무숲의 그늘 속으로 여기저기 흩어져 있고, 넓은 들판에는 저녁 연기가 뒤덮여 흐릿하였다. 서북쪽으로는 고암산(高巖山:鐵原郡에 있는 산)과 보개산(寶蓋山:漣川郡과 鐵原郡界에 있는 산)등 여러 산들이 삐죽하게 솟아 있어서 마치 일 만 마리의 말들이 급히 내달리는 듯하였다. 저녁 햇빛이 빗겨 비치니, 봄날 아지랑이 같은 푸른 기운이 마치 물들인 듯 진하여 나도 모르게 넋이 빠져 버렸다. 서쪽으로 내려 가는 편편한 흙언덕을 두어 활바탕쯤 고생하고 화적연(禾積淵:옛날에는 乳石鄕이라고 불렀음)에 이르니, 곧 층계로 된 돌여울물

[砌川之水]이 동에서 서쪽으로 흘러 가팔랐다. 동쪽 벽바닥에서부터 한 가닥 흰 돌이 강물 한 가운데로 달려가서 특별히 30m가 넘게 높이 솟아 있으니, 마치 흰 용(龍)이 고개를 곧게 쳐들고 하늘을 우러러 보는 듯하기도 하고, 아래에는 용이 나왔다는 굴과 웅덩이들이 밑이 빠진 듯 파여진 곳에 물이 고여 어둠 침침한데, 저절로 편편한 못이 되었다. 바위들의 모양이 볏단을 쌓아 놓은 듯하여 화적(禾積)이라는 이름이 민가의 풍속에서 나왔다. 이동주(李東洲:이름은 敏求,1589-1670, 자는 子時, 다른 호로 觀海道人이 있음, 벼슬은 京畿右道觀察使를 지냄, 저서로는 <東洲集>이 있다)가 그 이름을 고쳐 "석룡퇴(石龍堆)"라고 하였는가 하면, 윤백호(尹白湖:이름은 鑴, 1617-1680, 자는 希仲, 벼슬은 吏曹判書를 지냄, 저술에 <白湖集>이 있다)도 또한 이름을 고쳐 "용연(龍淵)"이라고 불렀다. 화적연의 돌언덕[石臺] 위에 앉아 시를 지어 그 위에 새겨 놓고, 평촌(坪村)을 지나 지포(芝浦:지금의 新鐵原)에서 자니, 철원(鐵原)땅이었다.

초3일, 삼부락(三釜落:三釜淵瀑布)을 구경하기 위하여 일찍 밥을 먹고 발행하여 시내를 거슬러 동쪽으로 올라가서 골짜기 입구의 작은 고개를 넘어 남쪽으로 2-3리를 들어가니, 산은 높고, 지경은 깊은데, 검은 돌들이 뾰죽뾰죽하였으며, 골안이 어둡고 그윽하였다. 250m가 넘는 큰 폭포가 높이 걸려 동쪽 벽 위에서 날아 내려 우레치듯하면서 깊은 못을 곧게 내리 두드렸다. 좌우 벼랑의 돌들은 높이 솟아 구름을 꿰뚫었으며, 음기가 꽁꽁 얼어 쌓여서 밝은 해도 빛이 없었다. 왼쪽 벽의 꼭대기를 따라 어지럽게 자란 나무그루를 부여잡고 엉금엉금 기어 올라가서 폭포의 석대 위에 앉아서 보니, 대 아래에 돌확으로 된 구덩이가 마치 큰 가마솥과 같은 것이 있는데, 세 마리 용이 등천한 곳과 같았다. 여러 산골의 물들이 북쪽에서 흘러와 세 웅덩이에 고였다가 넘쳐서 세개의 폭포가 되었으니, 삼부(三釜)라고 불려지는 것은 대체로 여기서 나온 것인데, 낙(落)이라고 하는 것은 맥족(貊族)들의 사투리였다. 산속에서 가장 깊은 곳으로 용화촌(龍華村)이 있는데, 들판이 있어서 농사를 지어 사람들이 끊이지 않고 살아서 무릉(武陵)의 신선마을이 되었다. 마을 위에는 용화사(龍華寺: 鐵原郡龍華村에 있는 절)가 있고, 북쪽으로 2-3리를 가면, 삼부촌(三釜村)에 이른다. 성을 권(權)가라고 하는 사람의 집에 들어갔다. 영평 이북으로부터는 논이 적어서 벼나 쌀은 더할 수 없이 귀하기에 주인에게 쌀 한 말을 사게 하였다. 서쪽으로 풍전역(豊田驛)을 지나 순담(蓴潭)에 이르니, 화적연 상류였다. 남북으로 가파른 절벽이 험하게 마주하여 한 골안을 아름답게 꾸미고 있다. 시내 가운데에 흰돌이 겹겹이 쌓여 있는데, 크고 작은 것들의 모양이 기이하여 마치 두류산(頭流山:智異山)의 용유담(龍遊潭)의 돌과 흡사하고, 북쪽 벽에는 한서암(寒棲庵)이 있었다. 앞쪽은 2500m가 넘는 절벽에 임하여 있는데, 작은 담을 쳐서 넘어지는 것을 막았으며, 한서암의 서쪽으로 200여m 쯤 되는 곳에는 청간정(聽澗亭)이 있으니, 땅의 형세가 높은 것이 한서암과 비슷하나, 입구의 담이 높아서 굽어 볼 수가 없었다. 청간정의 북쪽으로 20m 남짓한 곳에 조그만 못이 있으니, 순채(蓴菜)가 나서 푸르렀다. 못 위쪽에 수십 채의 기와집이 있으니, 풍전(豊田)에 사는 황씨(黃氏)의 것이었다. 못에서부터 서쪽으로 흐르는 작은 시내가 아래로 흘러 끝없는 강물의 근원이 되려 하여 그 경치가 매우 아름다워 신선 세계인 듯한데 앞길이 끊어져 막혔다. 우두

커니 서서 사방을 구경하고 있을 때에 최홍진(崔鴻晉)이 먼저 벼랑 골짜기를 타고 올라가기에, 나와 우경모(禹景謨)도 그를 뒤따라 위로 올라갔다. 산허리의 절반쯤을 올라가니, 산세는 더욱 험하여 물러나 돌아 내려가고 싶어서 몸을 돌려 굽어보니, 조금 전에 앉아 있었던 곳이 바로 못 위에 솟아 있는 가파른 벼랑이었다. 마침내 힘을 다하여 나무그루를 끌어 붙들면서 올라가니, 비로소 산봉우리의 꼭대기가 나왔다. 산등을 타고 가니, 옛 성이 주변에 둘려 있고, 누각과 방어하던 터가 완연히 남아 있는 곳을 만나게 되었다. 마침 나뭇군에게 물어 보았더니, 그의 대답이,

　　조선 초에 큰 도둑 임꺽정[林巨正]이 무리들을 모아 호령하며 이 성을 점거하고, 동북지방에서 걷은 세곡(稅穀)들을 서울로 실어 올라갈 때에 빼앗아 버렸으니, 관동 지방의 큰 근심거리였으므로, 나라에서 장수를 보내어 소탕해 버렸는데, 이것이 그 유적입니다.

라고 말하였다. 풍전(豊田)을 나와서 역마을[驛村]에서 잤다.
　초4일, 일찍 떠나서 가로재[可蘆峴]를 넘어 지경점(地境店)에 이르러서 말에 먹이를 먹이고, 화강(花江)을 따라서 북쪽으로 내려가다가 정자못[亭子淵]에 이르니, 월담(月潭) 황근중(黃謹中, 1560-1633, 자는 一之, 벼슬은 江原監司와 全羅監司를 지냄)의 별장(別庄)이었는데, 그 자손들이 대대로 살고 있다. 마을 안이 시원하게 넓고, 기와집과 초가집들이 빗살처럼 촘촘히 들어차 있었다. 남쪽 물가 언덕은 한일자로 된 붉은 벽이 성첩(城堞)처럼 빙 둘러 싸고 있으며, 늙은 소나무들이 늘어 서 있어서 그늘을 드리웠고, 솔밭 밖으로는 큰 들판이 끝없이 펼쳐져 있고, 먼 산은 희

미하여 구름과 연기가 널리 아득한데, 북쪽에서부터 흘러 오는 큰 물줄기가 이 붉은 벽밑을 안고 2-3리를 흘러서 맑은 못을 이루었으니, 참으로 이름난 승경(勝景)이었다. 이 시내는 철원(鐵原)의 청화산(靑華山)에서 발원하여 남쪽으로 40여km를 흘러 정자못 밑에 이르러서 김화(金化)의 화강(花江)과 합류하여 언덕을 뚫고 나와서 큰 들판을 아름답게 하면서 임진강(臨津江)의 상류가 되니, 아래 위로 120-160km는 되었다. 시내 양쪽 언덕은 벼랑이 묶어 세운 듯 솟아 있어서 멀리 바라보면, 밝은 모래나 모래톱 같은 것은 보이지 않고, 검은 굴들이 침침하게 구비구비 들판 가운데로 꼬부라져 마치 논밭 사이의 물길 봇도랑과 흡사하였다. 그러므로 비록 큰 비가 와도 물이 흘러 넘쳐서 범람하여 허물어질 걱정이 없었다. 또 논이나 밭에 물을 대지 않아도 되는 이로움이 있는데다 여기에는 더할 수 없이 아름답고 기이한 경치가 끝없이 이어져 있으니, 정자못, 칠담(七潭), 팔만암(八萬巖), 고석정(孤石亭), 순담(蓴潭), 화적연(禾積淵), 웅연(熊淵), 종담(鍾潭), 장경벽(長景壁), 송우협(松隅峽), 앙암(仰巖), 노자암(鸕鶿巖), 용산석(龍山石), 기적운(岐積雲), 협고량(峽庫良), 적벽(赤壁)들이 이것이다.

禾積淵

상사(上舍) 황기경(黃基敬)의 집에서 자는데, 그의 사촌 아우 상사(上舍) 기면(基勉)이 와서 이야기를 나누었다.
초5일, 주인이 간절히 부탁하여 옛 전

자[古篆字]를 큰 글씨로 써주고, 오후에 북으로 올라가 창랑정(滄浪亭:강원도 平康郡에 있는 정자 이름)에 이르러 작별을 하고, 김화를 향하여 천천히 걸으면서 산과 내의 형세를 두루 살펴보며 때로는 앉아 쉬기도 하고, 때로는 일어나 걷기도 하면서 오후 4시경에 생창역(生昌驛:지금의 鐵原郡 金化邑에 딸린 지명)에 이르니, 김화 현감 홍익렬(洪益烈)이 관가 심부름꾼을 시켜 안부를 묻고, 또 저녁밥을 보내어 먹게 하였다. 저녁을 먹은 뒤에 사람을 시켜 원님께 감사함을 전하였더니, 바야흐로 부모님의 병환 간호를 하고 있기 때문에 나갈 수는 없으니, 관아(官衙)로 들어와서 만나자고 하였다. 우경모(禹景謨)와 최홍진(崔鴻晉)으로 더불어 들어가 만나 보고 밤 늦게 돌아왔다.

초6일, 새벽에 고을 원이 심부름꾼을 시켜 안부를 묻고 일행을 초청함이 몹시 간절하여 네 사람이 같이 들어가니, 원님의 말씨가 시원시원하고 기질과 허우대도 호탕하였다. 내가 영남(嶺南)사람인 줄을 알고 무릎을 치면서 감탄하여 칭찬하여 말하기를,

  일 천 리 밖에서 동해와 금강산을 구경하려는 여행을 할 수 있으니, 이 어찌 평범한 시인이겠습니까?

라면서 인하여 시를 지어서 주고 받자고 청하였다. 관아 뒤의 초가 정자에 걸어서 올라가니, 붓과 벼루와 시를 지을 책과 술병과 안주 그릇들이 이미 가지런히 놓여 있었다. 다섯 사람이 각각 운자(韻字)를 하나씩 잡아서 나누어 앉아서 골똘히 읊조려 보았다. 원님이 먼저 지었는데 거기에는,

술 마신 뒤 큰 선비를 새로 알게 되었는데 　[酒後方知天下士]
　　　좌중에서 더 귀한 인 영남의 선비일세 　[座中尤貴嶺南家]

라는 구가 있었다. 길을 떠나려 하니, 엽전 2꾸러미와 쌀 2말과 콩 2말과 꿀 2되와 미싯가루 5되와 쇠고기 육포 2첩과 담배 2근과 보통의 한지 종이 2묶음을 이별 선물로 주면서 말하기를,

　　　사대부가 되어 사당에 위패를 모실 만큼은 못되지만, 선대 어른들의 음덕으로 잠시 배부르고 등 따뜻하기를 꾀하여 낮은 벼슬을 하면서 북쪽으로 통하는 큰 길을 맡아 사신들의 행차가 요란한 것을 바라보며 나는 평범한 예의로 그들을 맞이하지만, 오직 이 동쪽으로 풍악산에 들어가는 길손들에게는 반드시 극진한 뜻을 가지고 영접합니다. 옛날 내가 한 사람의 종과 한 개 지팡이만을 가지고 역시 이 고장을 여행하면서 뜻을 같이 하는 사람이 없을 수 없음을 느꼈기 때문입니다. 마침 관가의 창고가 비었음을 알려 왔기에 이처럼 약소하니, 돌아오는 길에는 꼭 다시 찾아 주셔서 10일쯤 놀다가 가십시오.

라고 하였다. 나는 대답하기를,

　　　돌아오는 길은 설악산(雪嶽山)으로 가야 하기 때문에 고마운 뜻을 따르지 못함을 한스럽게 생각합니다.

라고 사례하였다. 원님은 또 금성(金城)과 회양(淮陽)의 두 고을 원들에게 보내는 편지를 써서 간곡하게 우리들의 산행을 돌보아 도와 주기를 부탁하고 아울러 청주(淸州) 이지광(李趾光)과 여와(餘窩) 목만중(睦萬中:1727-?, 벼슬은 각조 판서를 지냄, 1801년 천주교 박해시 서학 배척에 공이 큼, 저술로 <餘窩集>이 있음)과

승지(承旨) 이창급(李昌伋)에게 편지를 주어 전하게 하고, 사람을 보내는 두터운 뜻에 감동하면서 이별하고 길을 떠나 북을 향하니, 산골짜기가 좁고 굽이 져 깊어서 골안에 길 가는 사람이 드물어 한 나절에 오직 보이는 것은 깊은 숲과 큰 구렁뿐이었다. 산골 두메의 작은 가게에서 말에게 먹이를 먹이고, 동쪽으로 중치(中峙)를 넘으니, 이것이 청화산(靑華山)의 한 가지인데, 서쪽으로 달려서 한성(漢城)의 등줄기 산맥이 된다. 이 산에서부터 산세가 조금씩 트이기 시작하였다. 일행은 동쪽으로 흐르는 큰 내를 건너서 피금정(披襟亭)에서 잠시 쉬고, 오후 4시경에 물을 따라 내려가서 금성군(金城郡) 고순태(高順泰)의 집에서 머물기로 하였다. 저녁을 먹고 나니, 금성군수 정동보(鄭東輔)가 심부름꾼을 보내어 안부를 묻고, 또 "단발령(斷髮嶺)의 남여꾼들에게 전령을 보내어 단단히 당부해 놓았다"고 말하였다.

초7일, 일찍 밥을 먹고 경양루(慶陽樓)에 올라 읍내를 굽어 보았다. 백성들의 절반 이상이 돌집에서 살고 있어서 물어 보았더니, 근처에 있는 산에서 나는 돌들이 줄기가 지고, 결이 곱고 석질이 반드르르하여 바느질 시침을 뜯을 때에 타게지듯 조각조각 편편하게 떨어지며, 넓이는 네모 반듯반듯하여 먹줄을 튕겨서 톱으로 켜 낸 것 같았고, 큰 것은 거의 명석만하고, 작은 것은 깔자리만 하여 물고기 비늘 덮

斷髮嶺

듯이 겹겹이 포개어 지붕을 이으면, 바람과 비가 새지 아니하고, 오랜 세월을 지내어도 단단하여 기와집보다도 훨씬 좋다고 하니 기이하였다. 경양루에서 내려와 동쪽으로 꺾어지니, 여기서부터는 동해와 풍악산이 웅장하게 닿아 있고, 철령(鐵嶺)이 멀지 않은 까닭으로 산봉우리들이 험하게 솟고, 시내 골짜기는 겹겹으로 굽이 졌다. 창도역(倉道驛)에 이르니, 창집과 백성들의 살림집의 절반이 역시 이 돌집이었다. 말에게 먹이를 먹이고, 길을 떠나서 2km를 채 못 이르러 철령으로 가는 큰 길을 버리고, 동쪽을 바라보면서 길을 가는데, 이 길도 또한 큰 길이었다. 나라의 사신들과 풍악산으로 가는 수레들이 끊이지 않았다. 그러므로 길이 평평하고도 널찍하게 닦아져서 조그만 돌덩이들의 울퉁불퉁함도 없었다. 상기성(上岐城)과 하기성(下岐城)의 두 마을을 지나 조그만 고개를 넘어서 관음천(觀音遷)에 이르렀다. 북쪽에서 흘러 오는 큰 시내가 관음천을 안고 돌아 흐르면서 사나운 여울이 되어 여울 소리가 깊은 산골에 가득 울려 퍼졌다. 이 시내는 추지령(秋池嶺:강원도 淮陽땅에 있는 고개, 楸池嶺으로도 씀)에서 발원하여 회양부(淮陽府)를 지나 보리나루[菩提津]가 되고, 남쪽으로 흘러 낭천(狼川)의 모진강(毛津江)이 되었다. 관음천 위에서 쉬다가 오후 4시쯤에 산비탈을 따라 내려와 시내 위의 긴다리[長橋]를 건너 통구창점(通溝倉店)에서 잤다.

　초8일, 일찍 발행하여 묵신점(墨新店)에서 아침을 먹었는데, 가게 주인은 우씨(禹氏)였다. 우경모(禹景謨)가 주인과 무릎을 맞대면서 다가가 가깝게 부닐며 동성(同姓)임을 가지고 말하니, 정의(情誼)가 극진하였다. 날이 저물어 마류촌(馬瑠村:일명 末暉村)에 이르러 단발령(斷髮嶺)을 우러러 살피니, 높이 솟아 고개 꼭대기를 하늘이 어루만지는 듯하였다. 들으니, "원님의 전령(傳令)이 이미 어제 도착하였으므로 동임(洞任)을 시켜서 남여꾼들을 내도록 재촉하여 마을 사람과 산 위에서 화전(火田)을 해먹고 사는 백성들까지도 모두 와 있다"고 하였다. 나라에서 남여꾼들의 폐단을 마음 아파하여 단발령 동쪽과 서쪽에 사는 백성들에게 똑같이 그들의 부세(賦稅)를 면제하여 주고, 관가에서도 또한 농사짓기를 방해하지 아니하니, 남여를 메고 오르 내리는 일이 비록 농사철의 바쁜 때라고 하여도 그 괴로움을 말하지 않는다고 하였다. 마침내 남여를 타고 멀리 여러 굽이를 돌고 돌아 올라가니, 풍악산의 면목이 이 한고개를 사이하고 있었다. 마음이 저절로 바빠져서 남여에 앉은 채 급하기만 한데, 우경모는 이미 남여에서 내려서 한 달음에 달려 먼저 올라가고, 여러 사람들도 역시 차례로 올라가니, 1만 2천 봉우리들이 바로 단발령 정상을 내리누르는 듯하고, 빽빽한 푸른 아지랑이 기운은 하늘 가운데 비껴들어 찼다. 작년에 방장산(方丈山:智異山의 다른 이름)을 노닐며 그 웅장함과 깊고 크면서도 아름다운 것을 보고 마음 속으로 우리 나라에서는 이보다 높은 산은 없을 것이라고 생각하였는데, 이제 이 산을 보니 도리어 그보다 나았다(지은이는 작년 봄에 지리산을 여행하고, <方丈遊錄>을 지었음). 풍악산을 구경하는 세상 사람들이 단발령 고개 위에 높이 앉아서 눈같이 희고 옥같이 빛나는 경치를 한 번 바라보고 풍악산 초입의 이 기이한 경치를 말하여,

　　미련한 구름이 해를 가리고 산의 기운이 침침하고 어두워 다만 여러 산봉우리들이 늘어 서 있는 것이 마치 파도가 잇따라

쓰러지는 모양이고, 톱날이 이어져 있는 것과 같을 뿐이라.

고들 하였다. 한참만에 그늘을 드리웠던 구름이 흩어져 얼룩얼룩 하여지면서 햇빛이 비껴 새어 나오니, 온 산의 참 모습이 새하얗 게 들어났다. 눈을 기우리고 정신을 집중하니, 심혼이 동요되었 다. 영동(嶺東:단발령 동쪽)의 남여꾼들이 일제히 와서 기다리고 있었다. 나이가 많고 일을 좀 아는 사람을 불러서 산봉우리들과 골짜기의 근원 등에 관하여 여러 가지로 물어 보았더니, 일일히 손가락으로 가리키면서 꽤 자세히 가르쳐 주었다. 단발령을 내려 와서 신원(新院)에 이르러 머물러 잤다.

초9일, 일찍 밥을 먹고 길을 뜰 때에 나는 말을 타고 먼저 시 내를 거슬러서 북쪽으로 가니, 시내는 쇄령(頂嶺)에서 나와 천마 령(天磨嶺)을 따라 흘러와 남쪽의 보리수(菩提水)와 합쳐진다. 거 의 4km를 가다가 철이령(鐵伊嶺)을 넘으니, 기이한 봉우리와 이 상한 돌이 코앞에 바짝 나타나서 앉아서 한참을 구경하다가 뒤 쳐졌던 사람들이 따라 온 뒤에 고개를 내려와 만천(萬川) 하류를 여러 번 건너 장연사(長延寺)의 옛 터를 지나니, 곧 산문(山門)에 다닫게 되었다. 장안사(長安寺)의 남여 메는 중들이 와서 기다리 고 있었다. 소나무숲으로 몇 km를 가다가 만천교를 건너 장안사 에 들어가니, 서쪽으로는 배재(拜岾)를 등지고, 동쪽으로는 상, 중, 하관음봉(上中下觀音峯)과 장경봉(長慶峯)과 지장봉(地藏峯)을 마주 보고 있으며, 북쪽으로는 석가봉(釋迦峯)을 안고 있어서 골 안이 평평하고 넓은데, 만천교가 한 가운데를 꿰뚫고 흘러서 이 름난 산의 초입이 이미 맑고 기이함을 깨닫게 하였다. 평생에 자 나 깨나 잊지 못하던 풍악산을 이제 비로소 직접 밟아 보니, 눈

심사정의 장안사도

앞에 어른거리는 모든 것이 바로 신선세계이고, 바람과 연기마저 참인지 꿈인지 의심스러웠고, 혹시 그렇다 하여도 마치 술에 취한 것 같았다. 2층의 불전(佛殿)이 있는데, 전각 앞에는 범종루(泛鐘樓)가 있고, 종루 앞에는 상수문(相隨門)이 있고, 왼쪽 곁에 나한전(羅漢殿)과 명부전(冥府殿)이 있었다. 옛날에는 산영루(山映樓)가 있었는데, 정유년(丁酉年:1777)의 큰 홍수로 넘어져 버렸고, 만천교도 역시 무너졌었다. 장안사는 신라 법흥왕(法興王:재위 514-539) 때에 새로 지어졌고, 원(元)나라 순제(順帝:재위 1333-1367)가 사신을 보내어 중수(重修)하고, 무진등(無盡燈)과 나무로 새긴 장경함(藏經函)과 놋쇠 향로[銅爐]와 구슬등[珠燈]을 보시하였으나 모두 잃어버리고, 오직 놋쇠 향로만 남아 있었다. 시냇가로 나와서 돌 위에 앉아도 보고, 언덕 위에 올라도 보고, 여기저기 거닐면서 북쪽으로 석가봉을 바라보니, 허공중에 높이 솟아서 붉은 놀에 물들어 빛나는가 하면, 석가봉 뒤로 눈처럼 흰 기이한 봉우리가 반쯤의 뾰족한 뿔을 들어내고 있으며, 어깨를 기우려 남쪽을 엿보니, 일종의 기이한 모양을 하고 있는 것이 있었다. 글로나 말로는 비슷하게 형용하여 내기가 어려웠다. 선배님들이 지은 이 산의 기행록을 많이 보았지만, 일찌기 이처럼 기이한 경치를 기록하지 아니한 것은 무슨 까닭인가

? 밤에 나한전 오른쪽에 있는 요사(寮舍)채에서 잤다.

초10일, 새벽에 비가 내렸다. 창문을 열고 조용히 살펴보니, 많은 산봉우리들이 구름과 비사이로 나왔다 숨었다 하며 예측할 수 없이 잠깐 사이에 여러 가지로 변하는 모양은 사람의 정신을 맑게 해 주었다. 오후에 날씨가 개이어 걸어서 시냇가로 나가서 거닐다가 돌아오니, 회양부사 한만유(韓晩裕)가 심부름꾼을 시켜 편지와 술 한 병과 꿀 두 되와 미싯가루 두 되와 담배 두 근과 육포 한 첩을 보내어 전별하면서 장안사와 표훈사(表訓寺)의 두 절에 전령을 내려 우리 일행들을 잘 주선하여 음식을 먹이도록 하고, 또 "만폭동고시(萬瀑洞古詩)" 8편을 보내면서 그에 대한 화답시를 청하고, 또 우리들이 이 산에 들어와서 지은 여러 시들을 보여 주기를 청하였다. 우리는 마침내 글을 지어서 답하면서 겸하여 네 사람이 단발령에 올라 지은 시와 산에 들어와서 지은 두 가지 시를 보내고, 한만유의 "만폭동고시" 8편에 대한 화답시는 팔담(八潭)을 다 본 뒤에 지어 보내기로 약속하였다.

11일, 남여를 타고 시내를 건너 동쪽으로 가니, 지장암(地藏庵)에 이르고, 암자에서 오른쪽으로 꺾어 백천동(百川洞)으로 들어갔다. 오른쪽으로는 지장봉을 끼고, 왼쪽으로는 석가봉을 안고, 구불구불 돌아가니, 등나무 덩쿨과 칡덩쿨이 뒤섞여 얽혔고, 어지러운 돌들은 가팔

김하종의 백천동도

라서 거의 사람들이 다닐 수가 없었다. 석가봉은 장안사에서 북쪽으로 바라보면, 특별히 한 개의 기이한 돌이 외롭게 우뚝 솟아 있는 것인데, 여기 와서 살펴보니, 2000m가 넘겠는 절벽이 동서로 가로 걸쳐져 있고, 기이한 모양과 괴상한 생김새는 주름이 잡혀 숨겨져 있던 것이 활짝 펼쳐지면서 면목을 크게 들어내 펴놓은 것 같으니, 백천동이 오로지 석가봉에 의하여 이루어진 것임을 비로소 알게 되었다. 남여를 버리고 지팡이를 짚고 업경대

明鏡臺

(業鏡臺·일명 明鏡臺)에 이르니, 좌우의 돌봉우리들이 칼날처럼 솟아서 뾰족하고 가파른 것이 마치 큰 병풍이 둘러 쳐져서 얼어 붙은 얼음창고를 안고 있는 듯하였다. 쌓인 기운이 너무 으슥하여 정신이 어지럽고 속이 답답하여 오래 앉아 있고 싶지 않았다. 동쪽 벼랑 위로는 50-60m는 되겠는 평평하고도 넓은 돌이 우뚝하게 서 있는데, 사면이 비바람에 닳고 갈려서 마름꽃 무늬가 있는 거울 같았고, 멀리 허공중에 구름 위로 솟아 있는 것은 옥경봉(玉鏡峯)이었다. 옥경봉 아래에 큰 못이 있어서 한 골짜기를 통채로 삼켰으니, 이른바 황천강(黃泉江)이었다. 황천강 못 위에는 두 개의 절벽이 탁 트여서 입을 딱 벌린 듯한 문이 되었는데, 이것이 이른바 지옥문(地獄門)이었다. 그 이름이 불교에서 나온 것이지만, 그 문을 통하여 들어가면, 옛 성의 성문과 성의 가퀴를 만나게 되는

금강문

데, 옛 모양 그대로였다. 세상에 전하여 오는 말은 "신라의 왕자가 세상을 피하여 왔을 때에 쌓은 것이라"고 하였다. 옥경봉 뒤에 이르러 금사굴(金沙窟:일명 金蛇窟로도 썼음)을 보니, 이 산은 깊어지면 깊어질수록 더욱 그윽한 바위 봉우리들이 새롭게 나타나는데, 그 기이한 모양은 더 나을 수가 없으며, 벼랑의 석벽은 묶어 세운 듯하여 위태하기가 더할 수 없고, 봉우리 밖에 봉우리가 또 있는가 하면, 석벽 밖에 또 석벽이 있고, 열렸는가 싶으면, 다시 닫히고, 막혔는가 하면, 다시 열리어 온 길을 돌아보면, 어디로 해서 어떻게 왔는지를 헤아릴 수가 없고, 앞으로 나갈 길을 바라보면, 어디로 나가야 할지를 찾을 수가 없었다. 시내 복판에 둥근 지붕 모양으로 생긴 바위가 상앗대들을 모아 쌓아 놓은 것 같았다. 좌우로 껑충껑충 뛰기도 하고, 앞뒤로 부축을 받기도 하고, 서로 끌어당기기도 하면서 동으로 가다가 서쪽으로도 가고, 서쪽으로 가다가 다시 동으로 가기도 하면서 이렇게 6-7리를 가서야 비로소 송라암(松蘿庵)의 옛 터에 이르니, 산이 비로소 열리고, 길이 비로소 평평해져서 지나온 곳을 돌이켜 보니, 화려한 한 마당 남가(南柯)의 꿈을 꾼 듯하였다. 영원동(靈源洞)과 백탑동(百塔洞)의 물이 합쳐져 흐르는 곳이었다. 남여꾼 스님들이 남아서 기다리고 있어서 중 한 사람을 시켜 영원암(靈源庵)에 들어가 점심밥을 준비하게 하고, 동쪽으로 백탑동에 들어가니, 벼랑이 기이하고 석벽이 위험한데, 한 발자국을 디딜 만한 한 조각의 흙이 없었다. 발을 석벽 꼭대기에 붙이고 나무들을 끌어 당기면서 뱀이 기어가듯, 개미가 돌아가듯 비탈을 기어서 가니, 자주 목숨을 등나무 덩쿨이나 조그만 나무그루터기에 의지하기도 하였고, 갑자기 허공중에 튕겨지기도 자주하였다. 벼랑이 다 한 뒤에 내려와서 시냇가 돌들을 밟고 쉬엄쉬엄 걸어서 수렴폭(水簾瀑)에 이르니, 벼랑이 가로 놓여 길도 역시 끊어졌다. 바위돌들이 여기 저기 툭툭 튀어나서 가면 갈수록 심해지면서 수목들도 빽빽하게 들어차 들어가면 들어갈수록 깊어졌다. 측백나무와 덩쿨 향나무와 키가 큰 회나무와 붉은 나무와 목련나무와 늙은 단풍나무들이 하늘을 가려서 그늘을 이루었고, 늙어서 말라 죽은 나무들이 서 있는 것은 흰 뼈로 만든 상앗대 같았다. 갑자기 골안의 북쪽으로 흰 산을 보니, 높이 우뚝 솟아 온 골안에 꽉 차는데, 지난 겨울의 얼음이 아직도 녹지 아니하였고, 그 높이는 2-3m쯤이나 되었다. 얼음 위에서 꺾어져 들어가니, 한 물굽이의 근원이 되고, 크고 작은 탑들이 좌우 석벽에 의지하여 붙어 있는데, 층층이 불안하게 서 있어서 면면이 기이하고 괴상한 것이 하나 하나씩 들어서 헤아릴 수 없으나, 다보탑(多寶塔)만은 외로이 서 있는데, 높이가 20여m쯤 되어 마치 동표(銅標)가 험하게 솟아 있는 것 같았다. 마침내 먹을 갈아 돌 위에 이름을 새겨 놓고, 기울어진 바위를 돌아 걸어서 골짜기를 나와 수렴폭 밑에 이르러 꿀물을 타 마시어 목마름을 해결하고, 영원암에 다달아서 남쪽으로 흐르는 시내물을 가로질러 나무 그늘을 헤치면서 가니, 산세가 갑자기 끊어져서 위험하기가 절벽에 매달린 것 같았다. 위로는 나무뿌리를 붙들고,

아래로는 발붙일 곳을 살피면서 숨을 헐떡이며, 무릎으로 기어서 어렵게 고갯등에 오르니, 잿등은 날카로운 칼끝 같아서 겨우 한사람이 앉을 만하였다. 북쪽으로는 망고대(望高臺:일명 望軍臺, 높이 1331m)가 바라보이고, 동쪽으로는 혈망봉(穴望峯:높이 1372m)이 있고, 남쪽으로는 2000여m가 넘는 하얀 석벽이 빙 산허리를 두르고 있었다. 골안

내금강 망군대(望軍臺)

으로 들어올 때에는 나무숲에 가려서 보지 못한 것이다. 고개를 내려와 영원암에 이르니, 온 골안에서 가장 깊은 곳이며 온 산에서 가장 높은 땅이었다. 돌봉우리와 돌산봉우리들이 비스듬히 달리듯 솟아서 사방을 싸안았고, 아름다운 옥으로 만든 신선 세계가 되어 가장 복판에 웅장하게 솟아 험한 것이 동쪽의 백마봉(白馬峯:높이 1510m)과 해를 가린다는 차일봉(遮日峯:높이 1528m)이고, 북쪽의 상지장봉(上地藏峯)과 귀왕봉(鬼王峯:일명

마치 둥그런 돌 하나를 이고 선듯한 귀면암.

鬼面巖)과 장군봉(將軍峯:높이 1574m)과 우두봉(牛頭峯)과 마면봉

(馬面峯)과 동자봉(童子峯)들이 모두 이상하고 괴상하며, 흰눈의 빛이 하늘을 비치 듯하였고, 다만 남쪽의 기슭에 있는 시왕봉(十王峯)만이 책문(柵門)처럼 늘어 서 있어서 붉은 무늬가 엇갈려 빛나니, 천태산(天台山:중국 浙江省天台縣西쪽에 있는 佛敎天台宗의 聖地인 名山)의 적성(赤城)과 하표(霞標)도 역시 여기만은 못할 것 같았다. 영원암 들마루에 들어가 앉으니, 그윽하고 맑으면서도 깨끗한 것이 참으로 속세의 사람이 사는 곳이 아닌 듯하였다. 이 산을 이야기하는 사람들이 이 암자를 놓고 제일 경치 좋은 곳이라고 하는 것이 망녕된 것이 아니었다.

 스님이 점심을 드리기에 먹자 마자 암자의 오른쪽 옥촉대(玉燭臺)에 올라서 좌우를 두루두루 멀리 바라보며 한참동안 앉아 있었더니, 중들이 돌아가기를 재촉하여 사자목[獅子項]을 넘어 시내를 따라 내려 오는데, 돌무덕의 길이 험하기가 백탑동보다도 더 심하였다. 업경동(業鏡洞)을 지나 지장암 앞에 이르러 다시 남여를 타고, 운수암(雲水庵)과 미타전(彌陀殿)의 옛 터를 지나서 명연(鳴淵:일명 울소)에 이르니, 만폭동의 물이 동쪽으로 꺾여 흘러 골짜기를 벗어나며 떨어져 폭포가 되면서 아울러 그 아래에는 큰 못을 이루었으니, 너무 깊어서 가까이 다가 가서 구경할 수가 없었다. 못 위에는 치마바위[裳巖]가 있는데, 기울어져 움집 처마처럼 매달려 있어서 위험하니까 큰 나무로 바쳐서 넘어질 것을 예방하였지만, 지나가는 사람들이 무서워 벌벌 떨었다. 스님이 하는 말에 의하면, "고려시대 부자인 김동(金同)이라는 사람이 불교를 숭상하여 스스로 거사(居士)라고 하면서 못 위에 암자를 짓고 살았다"고 하였다. 여기서부터 물을 거슬러 서쪽으로 들어가다가 또 꺾어져 북쪽으로 가면, 산이 열리며 골안이 트여서 만

가지 경치와 온갖 것들이 중향성(衆香城)에서 수미봉(須彌峯)까지 눈안 가득 차는 듯하였다. 신선 세계처럼 황홀한 경치가 다른 곳으로 눈을 돌리지 못하게 하여 눈을 깜빡이지도 않고 뚫어지게 보며 꼿꼿이 서서 어쩔 줄을 몰라 하니, 마치 바보가 된 것 같았다. 길 옆에 큰 돌이 우뚝하게 서 있는데, 앞면에는 삼존 대불상(三尊大佛像)을 조각하였

중향성

으니, 나옹(懶翁:慧勤, 1320-1376, 俗姓은 牙氏, 당호는 江月軒, 고려말 禪僧으로 유명함, 저술로 <懶翁和尚歌頌>과 <懶翁和尚法語集>등이 있음)의 작품이고, 뒤쪽에는 53 불상을 새겼으니, 김동(金同)의 작품인데, 삼불암(三佛巖)이라고 불렀다. 백화암(白華庵)에 들어가니, 암자의 뒤편에는 청허당(淸虛堂) 휴정(休靜:西山大師, 조선 초기 스님, 1520-1604, 자는 玄應, 俗姓은 崔氏, 다른 호는 白華道人, 楓嶽山人, 頭流山人, 妙香山人, 曹溪退隱, 曹溪病老, 저술로는 <淸虛堂集>, <禪家龜鑑>, <心法要>등이 있음)과 제월당(霽月堂) 취진(就進) 경헌(敬軒:虛閑居士, 1542-1632, 俗姓은 曺氏, 저서로는 <霽月堂集>이 있음)과 의영(義瑩) 편양당(鞭羊堂) 언기(彦機:조선시대 스님, 1581-1644, 俗姓은 張氏, 저서로 <鞭羊堂集>이 있음)와 풍담(楓潭) 의심(義諶:조선시대 스님, 1592-1665, 俗姓은 柳氏, 鞭羊堂의 제자)과 허백당(虛白堂) 명조(明照:조선시대 스님, 1593-1661, 俗姓은 李氏, 仁祖때 八道義僧大將이 됨, 저서로

내금강 삼불암(三佛岩)

높이 8m 길이 9m의 삼각형 바위에 새긴 부처의 크기는 3.7m이고 가슴의 넓이는 1.3m로서 세 부처를 새긴 바위 뒷면에는 앞면과 같은 면적의 60개의 작은 부처가 새겨져 있다.

<虛白堂集>이 있음)의 비석들이 있었다. 비석들의 오른쪽으로 소나무숲을 뚫고 가다가 함흥교(咸興橋)를 건너 표훈사(表訓寺)로 들어가니, 절은 청학봉(靑鶴峯) 밑에 있었다. 북으로는 만폭동을 등에 지고, 동으로는 오선봉(五仙峯)과 돈도봉(頓道峯)이라는 두 봉우리를 옆에 끼고, 서쪽으로는 방광대(放光臺)를 가리고, 남으로는 배재(拜岾)를 향하여 절하고 있었다. 골안이 평평하여 안계(眼界)가 매우 넓어 깊은 산속 같은 기운이 전혀 없고, 풍악산 내산들이 다 모인 땅에 자리잡고 있어서 제일 복된 땅이 되었다. 그러므로 절 건물들이 빽빽하게 들어선 것과 스님들의 수가 많은 것과 물력(物力)이 넉넉한 점에서 외금강산의 유점사(楡岾寺)와 비슷하게 크다. 능파루(凌波樓)에서 산세를 구경하기도 하고, 시내의 흐르는 물소리를 듣기도 하다가 밤이 깊어서야 돌아와 남쪽에 있는 요사채에서 잤다.

12일, 비가 와서 밖을 나갈 수가 없어 절 안에서 세조(世祖:재위 1455-1468)대왕께서 장안사 스님 성수(性修)에게 내리신 임금님의 편지와 용이 그려진 비단 부채를 경건히 구경하였다. "장안사기(長安寺記)"를 읽어 보니, 신라의 스님 표훈(表訓:신라 義相스

표훈사(表訓寺)
유점사의 말사(末寺)로 만폭동에 있으며 신라 문무왕(文武王)때의 중 표훈이 창건 하였음.

님의 제자, 저서로 <華嚴經文義要訣問答>이 있음)이 처음 짓고, 원(元)나라 순제(順帝) 지원(至元) 4년 무인(戊寅:1338) 2월에 영종(英宗:재위 1421-1423)이 태자로 있으면서 절문에 만인 연사시비(萬人緣捨施碑)를 또 세웠는데, 원나라의 봉명 사신 양재(梁載)가 글을 짓고, 고려의 신하 권한공(權漢功)이 글씨를 썼다. 쇠를 부어 만든 여러 층으로 된 탑과 순금으로 만든 향로는 원나라 황제가 보시해 준 것이었다.

13일, 일찍 길을 떠나서 남여를 타고 동북쪽으로 화살 몇 발의 거리를 가서 영공암(令公巖)을 지나 만폭동 입구에 이르니, 비로봉(毘盧峯)의 여러 골짜기에서 나오는 물들이 서쪽으로 흘러 원통동(圓通洞)의 물과 합쳐져 산문(山門)을 묶어 매고 있다. 서쪽 언덕에 큰 반석이 편편하게 깔려 있는데, 너비가 100여평은 되었다. 양봉래(楊蓬萊:이름은 士彦)가 쓴 "봉래풍악 원화 동천(蓬萊楓嶽元化洞天)" 여덟 개의 큰 글자가 있으니, 글자의 뼈대가 웅건하여 마치 용이 날아 오르는 듯하기도 하고, 호랑이가 허공으로 뛰어 오르는 듯도 하였다. 등나무 덩쿨과 칡덩쿨들이 뒤얽혀 있는데, 옛 사람과 이제 사람들의 이름을 새겨 놓은 것이 여기저기 흩어져 온 골안에 가득하여 조그만 돌조각에까지도 성한 곳이 없으며, 큰 붓을 휘둘러 골짜기 이름을 새겨 놓은 것도 한

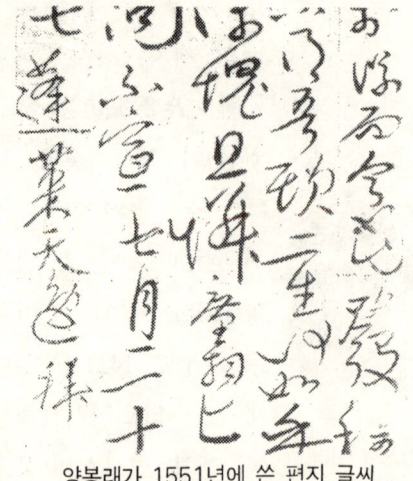
양봉래가 1551년에 쓴 편지 글씨

둘에 그치지 않으나, 깎이고 닳아서 모두 전하지 아니하고, 오직 봉래의 붓글씨만이 천고에 길이 이름을 남겨 후세 사람들의 사랑을 받고 있으니, 어찌 신선이 노닐던 곳에 남긴 붓글씨와 훌륭한 분이 남긴 작품이 명산의 뛰어난 경치에 걸맞는 자취가 아니겠는가? 선비는 마땅히 그 속 인격이 특실하면, 그 이름은 저절로 우주와 함께 다함이 없을 것인데, 어찌 오직 붓글씨 같은 작은 재주로 오래 남기려 하겠는가? 대향로봉(大香爐峯)과 소향로봉(小香爐峯)이 북쪽으로 우뚝 솟아 있고, 청학봉(靑鶴峯)과 금강대(金剛臺)가 서쪽을 더욱 높이 가리고, 오선봉(五仙峯) 한 줄기가 빙 돌아서 동쪽 벽을 이루었는데, 소향로봉만은 우뚝 솟은 것이 전부가 돌로 물 가운데 꽂혀 있는 듯하여 험하고 가팔라서 곧 거꾸로 넘어질 듯하였다. 서쪽으로 원통골에 들어가 소향로봉을 올라가는데, 석벽을 밟고 올라가서 율리(栗里)에 사시는 9촌 아저씨인 원지헌(遠志軒)과 동암공(同庵公) 형제가 새겨 놓은 이름을 보고 어루만지니, 몹시 슬퍼졌다. 용곡담(龍谷潭)을 지나 북쪽으로 꺾어서 5리를 가서 원통암(圓通庵)에 이르니, 남여꾼 중들이 기다려서 남여를 타고 암자에서 왼쪽으로 시내를 따라 올라가기도 하고, 내려가기도 하는 10리 사이에 한 굽이를 도니, 기이한 벼랑과 괴상한 석벽이 둘러싸서 하나의 신선 세계를 만들고, 또한 굽이를 돌면 또 이와 같아서 굽이굽이마다 새로운 경치가 열렸다가 닫히곤 하는 것이 예측할 수가 없었다. 맑은 여울과 흰돌들과 깊은 못과 높은 석벽들이 나타났다가는 없어지면서 기이한 모양을 들어내어 발걸음을 옮길 때마다 경치가 달라지니, 이른바 만절동(萬折洞)과 자운담(慈雲潭)과 태상동(太上洞)과 청령뢰(淸泠瀨)와 우화동(羽化洞)과 적룡담(赤龍潭)이 이런 것들이었다. 자운담의 동쪽에는 옛날에 선암(船庵)이 있었다고 하나 지금은 없어졌다. 적룡담의 동쪽에는 진불암(眞佛庵)이 있는데, 괴상한 돌들로 에워싸여 맑은 못을 굽어보는데, 역시 허물어졌다. 이 골안의 시내에는 뒤섞여 어수선한 돌들이 없어서 험한 비탈길이라도 한나절 길을 가는데, 물 위의 평평한 돌 위를 밟아 건너야 하였다. 천천히 걸어가며 사방을 둘러 보면서 조심조심하여 적룡담을 지나 동쪽으로 돌아 2-3리를 가니, 비로소 시냇물의 근원이 다하고, 큰 얼음덩이에 막힌 길이 나와 더욱 험하기도 하고, 위험하여져서 올라가고 내려가는 길이 험하여 자주 앉아 쉬면서 멀리 바라보면, 천 길이나 될 흰 돌이 산골 물 가운데 우뚝 솟아나서 마치 하느님께서 옷소매를 드리우고 엄연히 서 있는 듯하니, 이것이 곧 수미탑(須彌塔)이었다. 돌의 결을 돌아가며 보면, 면면이 갈라지고 터져서 돌조각들을 겹쳐 놓은 듯하여 마치 교묘한 기술자가 맷돌로 흰 돌들을 갈아서 말[斗]만한 크기로 층층이 쌓아 이루어 놓은 것 같은 것이 무릇 57층이나 되고, 아래 면은 둥글면서도 넓어서 모두 100여 아름은 되었다. 위로 올라갈수록 점점 작아져서 절정에 이르면, 겨우 뾰족한 붓끝 같은데, 큰 네모진 돌로 그 위를 덮어 놓은 것 같았다. 우뚝하게 높이 솟아 구름이 그 허리를 휘감고 있으며, 배는 한 쪽이 우묵하게 들어가서 저절로 언덕[臺]이 되어 몇 그루의 외로운

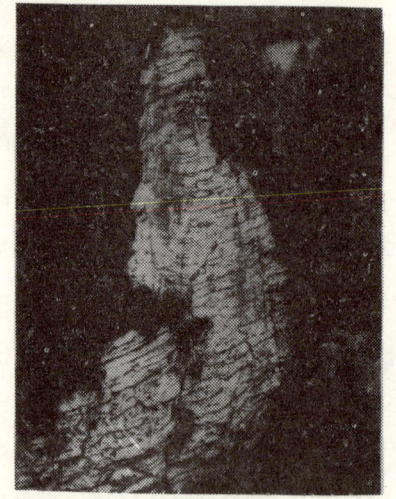
수미탑(須彌塔)

소나무가 뒤틀어져 자란 것이 짙푸르렀다. 하늘과 땅을 처음 만드신 분이 정성을 다하여 재주를 부려 기이함을 드러냈다고 하여도 이보다 더할 수는 없을 것이다. 탑 뒤의 산등에도 흰돌들이 늘어서 있는데, 뾰족한 것, 움푹 파인 것, 가파른 것, 찬란한 것, 기이한 것, 깨끗한 것들이니, 이것이 곧 중향성(衆香城)의 한 가닭이었다. 희미한 길을 찾아서 골 안을 나와 원통암에 이르러 점심을 먹었다. 처음에는 서쪽으로 보현재(菩賢岾)를 넘어 개심대(開心臺)를 오르려 하였으나, 큰 바람이 갑자기 일어서 높은 곳에 오르는 것을 방해하여 바로 만폭동 입구로 내려가서 청학봉에서 표훈사의 뒤로 하여 서쪽으로 돌아 기기암(奇奇庵)과 삼장암(三藏庵)을 지나서 정양사(正陽寺)로 올라가서 천일대(天一臺)에 이르러 잠시 앉았다가 북으로 200여m를 꺾어져 가 헐성루(歇惺樓)에 오르니, 헐성누는 방광대(放光臺) 밑과 개심봉(開心峯)의 남쪽

김하종의 정양사 그림

에 있는 높고 시원한 땅에 자리잡고 있어서 사면 팔방으로 가장

알맞은 자리이므로 온 산을 전부 바라볼 수가 있었다. 시험 삼아 혈성루에 올라 사방으로 웅장하게 펼쳐져 있는 산을 바라보니, 동북으로 우뚝하게 하늘 높이 솟아 있는 것이 비로봉(毘盧峯)이었다. 중간의 한 가지가 남으로 내려와서 중향성(衆香城)이 되고, 서쪽으로 조금 낮은 것이 영랑재(永郎岾:일명 永郎峯)와 웅호봉(熊虎峯)이 되고, 중향성 아래에서 내관음봉(內觀音峯)과 백운대(白雲臺)와 원적봉(圓寂峯)이 되고, 영랑재의 아래에서 마하봉(摩訶峯)과 가섭봉(迦葉峯)과 수미봉(須彌峯)과 윤필봉(潤筆峯)과 사자봉(獅子峯)과 대향로봉과 소향로봉과 웅호봉이 되어서 수미탑을 안고 있으며, 서쪽으로는 개심봉(開心峯)과 방광대(放光臺)가 되고, 남쪽으로 돌아서 배재(拜岾)가 되고, 동쪽 가지에서부터 구정봉(九井峯)과 일출봉(日出峯:높이 1552m)과 월출봉(月出峯:높이 1574m)과 안문봉(雁門峯)과 내수재(內水岾)와 미륵봉(彌勒峯:높이 1538m)과 차일봉(遮日峯)과 백마봉(白馬峯)이 되고, 서쪽 아래에서 시왕봉(十王峯)과 상관음봉(上觀音峯)과 중관음봉(中觀音峯:높이 892m)과 하관음봉(下觀音峯:높이 458m)과 장경봉(長慶峯)과 중지장봉(中地藏峯)과 하지장봉(下地藏峯)이 되고, 미륵봉(彌勒峯)의 뒤에서 따로 한 가지가 나와 서쪽으로 내려가면서 혈망봉(穴望峯)과 석상대(石像臺)가 되고, 남쪽으로 돌아서는 망고대(望高臺)와 승상봉(僧床峯)과 석응봉(石鷹峯)과 돈도봉(頓道峯)과 오선봉(五仙峯)과 석가봉(釋迦峯)이 되고 차일봉(遮日峯) 앞에서 따로 갈라져 나온 한 가지는 서쪽으로 내려와서 상지장봉과 귀왕봉(鬼王峯)과 장군봉(將軍峯)과 우두봉(牛頭峯)과 마면봉(馬面峯)과 동자봉(童子峯)이 되고, 개심봉에서 따로 갈라져 나온 한 갈래는 동쪽으로 내려와서 보현재(普賢岾)와 금강대(金剛臺)와 청학봉(靑鶴

峯)이 되어 그 급히 달리는 모양과 날아 솟구치는 듯한 기세의 웅장함과 뛰어남은 마치 긴 바람이 바다를 휘말아 올림과 같고, 구름바다가 넘실대는 것 같았다. 넓게 자리잡아 험하게 솟아 있는 모양은 존엄하기가 궁궐 같기도 하고 서울 같기도 하여 사해(四海)를 빼어나게 위압하는 듯하였고, 앞뒤로 줄지어 선 듯하고, 좌우로 겹겹이 포개진 듯한 것은 마치 여러 하늘에서 꽃비를 내려 많은 부처님 앞에 절하며 불공을 드리는 것 같았으며, 가파르고 꼿꼿하며 기기괴괴한 것은 마치 새들이 깊은 숲속에서 놀라 솟구치는 듯하고, 네 발짐승들이 높은 산에서 놀라 뛰는 것 같은데, 만약 거기에 저녁빛이라도 비껴 비치면, 새하얗게 빛나는 깨끗함은 겨울이나 봄과 너무도 비슷할 것이고, 혹 비가 내리거나 눈이 쏟아질 때라면, 먼산 머리에 흰 눈을 뒤집어 쓴 듯 아득할 것이다. 때때로 고개를 돌려 살펴보면, 번번이 놀랍고 의아스럽기만 하였다. 천하 명산에 오악(五嶽:중국의 泰山, 華山, 衡山, 恒山, 嵩山)이 으뜸이나, 만약 저 천태산(天台山)과 안탕산(雁蕩山:浙江省에 있음)과 사명산(四明山:浙江省에 있음)과 회계산(會稽山:浙江省에 있음)과 여산(廬山:江西省에 있음)과 나부산(羅浮山:廣東省에 있음)과 아미산(峨嵋山:四川省에 있음)과 무이산(武夷山:福建省에 있음)과 구의산(九疑山:湖南省에 있음)과 삼협(三峽:蜀地에 있는 瞿塘峽, 巫峽, 西陵峽으로 길이가 700리인데, 양쪽 언덕은 산이 이어 있음)이 모두 산경(山經)과 지지(地誌)에 실려 있어서 시인[韻士]들의 놀이터가 되고 숨어 사는 사람들의 머무는 곳이 되었으니, 중국인들이 일을 좋아하거나 기이한 것을 좋아하여 그 으한 곳과 기이한 곳을 찾아내어 하나도 빠뜨리지 아니하고 자세하게 기록하였다고 하더라도 이 산처럼 웅대하고도 기괴한 것은 일찍이 듣지 못하였다. 혹시 종소문(宗少文:姓名은 宗炳, 南北朝時 宋의 隱士, 少文은 字)이나 서하객(徐霞客:姓名은 徐宏祖, 明나라 旅行家, 霞客은 字)이 한 번 놀아서 올라 구경하고 나면, 그 성가(聲價)가 바로 오악(五嶽)보다 높이 올라가 그 산들을 압도할 만큼 이름나게 될 것이다. 헐성루 난간에 기대어 시구를 읊조리니, 두 팔의 소매가 너풀거려지며 정신이 희미하여지기도 하고 아련하여지기도 하여 신선으로 유명한 안기생(安期生 中國 秦나라때 神仙)의 무리들이 더하게 할 만큼 어깨춤을 추며 놀았다. 밤이 깊어지면 바람이 불고 이슬이 찰 듯하여 요사채로 돌아와서 잤다.

내금강 정양사(正陽寺)

표훈사(表訓寺)에서 900m지점 산복평지(山腹平地)에 위치. 신라때 창건되었으며 현재의 건물은 조선조(朝鮮朝)에 중건된 것임.

14일, 정양사(正陽寺)의 팔각전(八角殿)을 두루 구경하다가 정양사 왼쪽의 진헐대(眞歇臺)에 이르니, 노소재(盧蘇齋:姓名은 盧守愼, 1515-1590, 자는 寡悔, 다른 호로 伊齋)가 있음, 벼슬은 영의정을 지냄, 저서로 <蘇齋集>이 있음)의 시에 이른바 "진헐대 앞에 우뚝 선 스님[眞歇臺前坡上人]"이라는 말이 그럴듯하였다. 눈앞에 보이는 것이 헐성루에서 본 것과 같으므로 나무판에 이름을 새겨 헐성루 문설주에 달도록 하였다. 저녁때가 되어 표훈사로 내려와서 밤이 깊도록 달빛 아래 함흥교(咸興橋)를 거닐다가 능파루(凌波樓)에 올라 각각 시 1 수씩을 지었다.

15일, 능파루에 올라서 이름을 새겨 판을 걸고, 걸어서 만폭동(萬瀑洞) 입구로 올라가 두 사람의 종에게 시냇가 반석에 이름을 새기도록 시키고, 물을 거슬러 북쪽을 향하여 조금 들어가니, 앞에 청룡담(靑龍潭)과 흑룡담(黑龍潭)의 두 못이 있었다. 또 20여m를 앞으로 나아가니, 벽하담(碧霞潭)과 분설담(噴雪潭)이라는 두 못이 있었다. 두 못의 근원은 두 가닥으로 나뉘었던 물이

내금강의 만폭동 입구
표훈사에서 미하연에 이르는 약 1km계류를 따라 가면 내금강의 팔담(八潭)이 산재하여 있다.

한데 모여 한 줄기가 되어 급히 바위 벼랑 밑 웅덩이를 부딛혀 세차게 흘러 비와 눈이 내리듯 촉촉하며, 그 밑에는 네 모난 큰 돌에 큰 물이 맑으니, 이것이 분설담이라는 것이었다. 못물은 웅덩이에 가득 찼다가 넘쳐 흘러 날아 떨어지면서 폭포가 되었다가 밑에 다시 고여 큰 못이 되니, 이것이 벽하담이라는 것이었다. 대체로 위 아래의 두 못이 한 개 바위 전부로 된 것이었다. 분설담의 서쪽벽에는 큰 석실(石室)이 있는데, 20-30명이 들어가 비나 눈을 피할 만하였으나, 폭포수 물방울이 튀어서 옷과 두건(頭巾)이 모두 젖었다. 지팡이를 가지고 물장난을 치며 아래 위로 거닐며 위를 쳐다 보니, 푸른 창문에 붉게 단청한 지붕이 높은 절벽 위에 걸려 있었다. 이것이 보덕굴(普德窟)이라고 하였다. 또 벽하담에서 동쪽 석벽을 기어 험한 절벽을 똑바로 200m쯤 올라가다

내금강의 보덕굴(普德窟)
법기봉 산허리에 아슬아슬하게 단 한본의 동주에 의하여 지탱되고 있다.

가 또 꺾어 북쪽을 향하여 산골물을 건너 가면, 지세가 가파르게 기울어져서 돌길이 위험한데, 40 계단의 돌 층계를 올라가서 절 부엌문을 지나 서쪽으로 나와 보덕대(普德臺)에 앉아 보니, 대밑은 비스듬히 돌로 축대를 쌓았다. 서쪽으로 20m쯤을 내려가면, 비로소 굴 안으로 들어가게 되는데, 층계 왼쪽을 굽어보면, 3000m가 넘는 허공이어서 간이 크거나, 죽기로 작정한 사람이 아니면, 내려갈 수가 없었다. 굴의 넓이는 사방 3m가 채 안되는데, 한 가운데에 작은 관음보살상(觀音菩薩像)을 모셔 놓고, 그 앞에 2층의 다락을 가설하여 허공 밖으로 날아가듯 닷집을 무어 놓았다. 동쪽 모퉁이는 5-6m쯤 되는 나무기둥을 바위 벼랑에 기대어 세워 놓았고, 서쪽 모서리에는 19마디로 된 구리기둥을 산골물의 바닥에 꽂아 놓아서 그 형세가 마치 풍경을 매달아 놓은 듯 흔들흔들하는 것이 거의 떨어질 것만 같았다. 두 가닥의 쇠줄을 가지고 씨날을 얽어서 그것을 버티는데, 대 위에는 작은 탑이 있었다. 탑면에는 작은 글씨로 건립한 연월을 새겼는데, 고려 인종(仁宗:재위 1123-1146)의 누이 덕녕궁공주(德寧宮公主)가 지은 것이었다. 공주는 인종의 배위(配位)로 추하고 더러운 일을 하여 사람으로 하여금 귀를 틀어 막게 하고, 또 세도를 팔고 왕의 총애를 믿어 위세와 복을 펼 수 있었으니, 만약 부처님이 앎이 있을 것 같으면, 어찌 그를 어두운 저 세상 가운데에서 도와줄 수 있겠는가? 보덕대에 기대어 북쪽 담넘어 진주담(眞珠潭)을 굽어 보고 있는데, 중 민(旻)이 점심밥을 해 가지고 왔다. 돌틈의 산골 물을 따라 내려와 구리기둥을 보면서 진주담에 이르니, 흰돌이 평평하고도 넓어서 산골의 양쪽 언덕에 걸쳐 있고, 허공에 매달린 폭포는 거꾸로 쏟아지면서 구슬이 튀고, 물방울이 흩어져 마치 10만섬의 맑은 구슬을 씻는 듯하고, 500-600평의 둥근 못은 밝게 열려 보석 파려의 빛과

내금강의 진주담(眞珠潭)
만폭8담(萬瀑八潭)중 가장 이채로우며 보덕굴 아래에 있음.

같은데, 떨어진 붉은 꽃잎들이 물에 섞여 가볍게 떠서 물이 돌아 흐르는대로 따라서 돌았다. 못밖의 희고 깨끗한 돌은 좌대가 되기도 하고, 낚시터가 되기도 하여 큰 자리를 펴 놓은 듯한데, 물이 흐르면서 파여진 돌틈은 맑으면서도 나직하게 굽이가 되어 꺾여져서 양쪽으로 나누어 돌 위에 앉아 표주박을 들고 물을 마시며 점심을 먹고 한 잠 자고 일어나서 폭포 위로 올라가 평평한 돌 위를 거닐다가 해가 저물어 앞으로 20여m를 나아가서, 귀담(龜潭)과 선담(船潭)을 지나 화룡담(火龍潭)에 이르니, 또 돌의 낯이 넓

내금강의 화룡담

적한데 물빛이 맑고, 양편 언덕에 푸른 나무들은 무성하여 그늘이 드리웠는데, 진주담보다 배는 더하였다. 여기서 이미 향로봉과 오선봉(五仙峯)의 벽이 다하였고, 만폭동도 끝이었다. 이 골짜기는 서쪽으로는 향로봉을 안고 있고, 동쪽으로는 오선봉을 끼고 있었다. 산봉우리들이 여러 겹으로 겹쳐져 있는데, 벼랑 벽도 겹겹이 나와서 10리가 하나의 큰 돌장군이 산골물 바닥에 깔려 있는 듯하여 높은 것과 낮은 것, 평평한 것과 선 것, 꼭대기가 평평한 것과 험하게 기울어진 것, 우뚝우뚝 삐쭉삐쭉 높이 솟아 늘어선 것들과 상앗대 같기도 하고, 잇몸 같기도 한 산봉우리들이 희고 깨끗하기가 백옥 같기도 하고, 밝게 빛나는 것이 흰눈 같기도 하여 한 골짜기가 온통 새하얗다. 풀과 나무들은 힘차게 휘늘어지고, 여러 갈래의 물들은 급히 달려 뛰어 오르는 듯하고, 지역에 따라 기이하게 변한 자연의 모양은 다 각각 달랐는데, 여덟 개의 못이 가장 기이하고도 아름다웠다. 서쪽 언덕에는 사자봉(獅子峯)이 있는데, 봉우리의 밑을 따라 동쪽으로 한 굽이를 돌면, 마하연(摩訶衍)으로 들어가게 되니, 금강산 중에서 가장 중앙이 되는 곳이었다. 북쪽으로는 마하봉을 등지고 앞으로는 혈망봉을 마주 보며, 왼편으로는 백운대를 안고, 오른쪽으로는 가섭봉을 잡아 당기고 있어서 산세가 한 곳에 뭉쳐진 것 같았다. 봉우리의 석벽은 들쑥 날쑥하고, 늙은 회나무와 외로운 소나무가 높이 솟아 해를 가리어 깊고 그윽하며 어둑하게 길이 끊어진 것이 마치 신선들의 세계 [玄圃琪園]에 들어온 것 같았다. 또 정조대왕비[中宮殿]께서 네 사람의 상궁(尙宮)들을 보내어 불사(佛事)를 모시게 하여 외부인의 출입을 엄금하고 있었다. 암자에서 왼쪽으로 돌아 동쪽으로 2-3 리를 올라가니, 만

내금강 마하연(摩訶衍)
촛대봉(촉대봉)동쪽 기슭에 있는 禪刹로 신라 문무왕 때 의상대사가 창건.

회암(萬灰庵)이 있었다. 암자는 빈 지가 오래 되었었는데, 어떤 노승(老僧)이 새로 와서 집채와 마당을 두루 청소를 하면서 오래 머물려 하였다. 탁상에는 부처님도 모셔 놓지 않았고, 탱화(幀畵) 조차도 없었다. 노승에게 그 이유를 물어보니, 손을 깍지 끼듯 합장하고 대답하기를,

　　암자 앞에 서 있는 낱낱의 돌들이 모두 참 부처님이시니, 이 들을 우러러 예배하면 되는데, 불상이나 탱화를 무엇하러 쓰겠 습니까?

라고 말하였다. 말이 허황됨이 심하였다. 백운대를 올라가기 위하여 만회암에서 왼쪽으로 돌아 동쪽의 작은 고개를 넘어서 들

으니, 망고대(望高臺)의 돌길이 위험하다기에, "위험한 곳은 가까이 하지 말라"시던 어머님의 경계를 생각하고, 오르지 않았다. 만회암에 돌아와서 잠시 쉬다가 마하연으로 내려오니, 궁인(宮人)들의 불사(佛事)가 이미 다 끝났었다. 불탁(佛卓)에는 노란 국화꽃 무늬가 있는 비단을 드리워 새롭고 아름다운 무늬의 휘장이 되었는데, 한글로 "왕실의 여러 사람들은 수명 장수하여 많이 벋어지게 하시고, 나라의 힘은 반석 같게 하소서[本支千億國勢盤石]"라고 씌어 있었다. 마하연 암자 뒤로 나와 앉아서 뒷산 봉우리들을 쳐다 보니, 눈처럼 흰 화살촉들이 서 있는 듯하기도 하고, 옥순(玉筍)이 어지럽게 돋아난 듯하기도 하고, 귀신들이 서로 잡아 당기는 듯도 하여 변화를 헤아릴 수가 없었다. 저녁을 먹은 뒤에 암자의 오른쪽 칠성대(七星臺)로 올라가서 만폭동을 굽어보기도 하고, 대소향로봉과 청학봉을 우러러 보기도 하니, 산봉들이 머리뿔을 반쯤 들어내고 있는 것이 지난 일을 돌이켜 생각하게 하니, 그 광경이 마치 은하수에 배를 타고 갔던 길 같기도 하고, 고기잡이 사공이 되어 외로운 배를 몰고 깊이 영원암으로 들어가는 듯싶기도 하였다. 다시 칠성대 북쪽의 절정에 올라가니, 백운대 이동은 흰눈이 덮여 숨어 엎드려 있는 듯한 봉우리들의 얼굴들이 모두 들어나고, 마하연 암자의 남쪽 석대(石臺)에는 한 개의 돌이 외롭게 앉아 있는데, 작은 부처님이 눈을 지긋이 감고 가부좌(跏趺坐)를 하고 있는 것과 너무도 흡사하였다. 사람은 이것이 담무갈(曇無竭:衆香城의 주인이 되어 항상 般若波羅蜜多經을 說하는 보살의 이름)의 화신(化身)이라고 하였다. <화엄경(華嚴經)>에 이르기를,

바다 가운데에 기달 금강산이 있는데, 담무갈보살이 5천명의
식구를 거느리고 산다.

고 하였으니, 이것은 부처의 말이 환상과 같은 이 경치에 가탁되
어 어리석은 백성들을 놀라게 한 것이다. 그렇지만 중들은 그것
을 믿고, 이 산이야말로 진짜 담무갈의 세계라고 하면서 오직 하
나뿐인 담무갈로 숭봉하고 있어서 표훈사와 정양사의 주불(主佛)
들이 모두 담무갈로 모셔졌고, 이제 이 산꼭대기의 외로운 돌마
저 담무갈의 화신이라고 말하면서 종을 울리고 풍경을 두드리며
우러러 받들기를 매우 정성스레 하는 것을 보니, 가소로웠다. 밤
에 서울서 왔다는 사람 황기천(黃基天)과 같이 잤다.

16일, 표훈사의 남여꾼 로 2-3리를 가 묘길상(妙吉祥)의 옛 터
에 이르니, 역시 물과 돌들의 경치가 아름다웠다. 시내 위 절벽
에 30m쯤되는 큰 불상이 새겨져 있는데, 나옹(懶翁)이 기도하는
곳으로 삼기 위하여 새겼다고 하였다. 불지암(佛知菴:佛地庵이라
고도 씀)에 올라가서 금강수를 마시고, 또 동쪽으로 가서 이허대
(李許臺)에 이르러 시내를 건너 백하담(白霞潭)을 지나 길을 돌아
내수재(內水岾)로 올라가니, 마하연에서 동쪽으로만 가는 길이었
다. 수목이 빽빽하게 들어차 있어서 오직 시내 위로 난 한 길로
만 다닐 수 있었다. 이곳에 이르니, 수목이 더욱 빽빽하고 많은
데, 측백나무와 삼나무, 회나무, 붉은 단풍나무숲들이 높은 산봉
우리들을 숨기기도 하고, 굽이를 감싸기도 하여 좌우를 가려서
길에는 한 조각 흙덩이가 없으며, 돌무더기가 여기저기 쌓여 있
어서 때로는 걷기도 하고, 때로는 남여를 타기도 하면서 빙빙 돌
아서 5km쯤 고개 등을 올라가니, 내금강산과 외금강산으로 나누

내금강 묘길상(妙吉祥)
마하연(摩訶衍) 아래동쪽으로 약 1km 남짓한 곳에 있다. 금강산중 최대의 불상(佛像)으로 높이 18.2m 연좌(延坐)의 길이 9.1m 고려시대 나옹선사의 원불(願佛)로 조각되었다고 함.

어지는 곳이었다. 북쪽으로 비로봉을 바라보니, 필상(筆床)처럼 우뚝 솟아서 허공중에 똑바로 꽂혀 있었다. 산허리 위로는 한 치(약 3cm) 가량의 작은 나무조차도 전혀 없고, 푸른 쑥대들이 구름 일어나듯 넓게 깔려 있는 속에 반짝이며 빛나는 흰 바위 절벽들과 새하얀 백옥 같은 돌들이 아래 위로 얽혀 있는 것이 마치 일만 마리 말들이 급히 달려서 목덜미의 갈기털이 가로와 세로로 흩어지는 듯하고, 여러 마리 백학들이 날아 올라 화려한 무늬의 깃을 활짝 편 듯도 하여 신선 세계(神仙世界)의 기이한 경치 속에 감추어 둔 그 틈사이에 있는 것 같았다. 혹 우리들로 하여금 3-4일 동안 놀면서 샅샅이 구경하게 한다면, 중향성 같은 것은 한 곳도 빼놓지 않고 다 구경할 것 같았다. 그러나 정유(丁酉:1777)년 큰 홍수가 난 뒤부터는 길이 끊어져서 산에 오르는 사람이 없었다. 그래서 우리들도 한번 절정에 올라가서 바람과 구름을 들여마시기도 하고, 천하를 어루만져 보기도 하면서 답답하게 막혀 있는 가슴 속의 기운을 다 씻어내 버릴 수가 없었으니, 한스러운 일이었다. 유점사(榆岾寺)의 남여꾼 중들이 길 재촉하기를 심히 간절히 하여 마침내 남여를 타고 산을 내려오는데, 길이 점점 평탄해

외금강 유점사(楡岾寺)

져서 조각돌도 없는 높은 산에 일백 아람은 될 회나무들과 일 천 그루는 될 가래나무들이 구름 위로 솟아서 해를 가리어 한나절을 오는 길이 전부 이 나무들의 그늘뿐이었다. 때때로 나무숲 사이로 북쪽을 엿보면, 칠보대(七寶臺)가 보이고, 서쪽을 엿보면, 미륵봉(彌勒峯)이 쳐다 보이는데, 3000m가 넘는 위험한 돌이 천 겹으로 쌓아진 듯한 이상한 봉우리였다. 어떻게 보면, 여름날 구름이 빽빽하게 피어 오르는 듯하고, 어떻게 보면, 창과 칼들이 벌려 세워진 듯하여 정신이 아찔아찔하여 큰 소리로 불러 본 것이 여러 번이었다. 급히 아래로 4km 넘게 내려와 사성(使星:天子의 使臣)들이 점심 먹는 고개에 이르니, 유점사 중들이 점심밥을 준비하여 와서 점심을 먹은 뒤 북쪽으로 5리쯤을 가서 은선대(隱仙臺)에 올라 대장동(大藏洞)을 굽어보니, 침침하고 아득한 것이 마치 아주 깊은 땅속을 드려다 보는 것 같았다. 북쪽으로 향하여 상중하의 세 불사의봉(不思議峯)과 환희봉(歡喜峯)과 개심봉(開心峯)과 구정봉(九井峯)과 적멸봉(寂滅峯)과 대장봉(大藏峯) 등 여러 봉우리들이 마주하여 있는데, 우러러 쳐다 보면, 아득하여 마치 하늘나라에 있는 느릅나무성[楡城]과 같았다. 개심봉에서 날아 쏟아지는 큰 폭포가 층층으로 꺼꾸로 떨어지는 것이 전부 12마디나 되었다. 위의 폭포를 우러러 보면, 그 근원이 어디서 오는 것인지를 알 수 없겠고, 아래의 폭포를 내려다 보면, 그 물이 어디로 흘러서 멈추는지를 헤아릴 수가 없었다. 폭포의 동서 양편에는 3000m는 될 듯싶은 절벽이 수자리처럼 깎아 질러져 4km쯤이나 허공에 매달려 있어서 끝까지 갈 수가 없었다. 북쪽의 여러 산봉우리들 밑에는 옛날에는 개심암(開心庵)과 적멸암(寂滅庵)과 백전암(栢田庵)과 운서암(雲棲庵)과 계조암(繼祖庵)과 상초막암(上草幕庵)과 하초막암(下草幕庵)과 대장암(大藏庵)등의 여러 암자들이 흩어져 있었고, 산봉우리의 절정에도 여러 암자들이 있었으나, 지금은 모두 없어져서 길도 역시 막혀 버려서 한스럽게도 지팡이를 짚고 신돌매를 단단히 하고도 지난날 추강(秋江:南孝溫)이 갔던 곳과 치재(恥齋:姓名은 洪仁祐, 자는 應吉, 1515-1554, 1553. 4. 9-5. 21간에 금강산을 여행하고 <關東日錄>을 남겼음, 저술로 <恥齋集>이 있다)가 놀던 유적을 찾아가 보지 못하였다. 다만 한 주먹만한 높은 언덕에 올라 풀들이 무성하고 수목이 울창한 곳에서 고개를 돌리며 멀리 마음속으로 생각만 해 볼 뿐이었다. 언덕에서 내려와 남쪽으로 4km쯤에서 축수굴(祝壽窟)을 지나 치마바위[裳巖]에 다달으니, 바위 아래 큰 못이 있는데, 못의 밑바닥에 큰 돌이 우묵한 모양을 하여 아홉 개의 웅덩이가 있었다. 중이 말하기를,

　　유점사를 처음 지을 때에 용이 들어 있는 못을 매우고 큰 불전을 지었으므로 용이 자리를 뺏긴 뒤에 이 못으로 옮겨 와서 각각 한 구덩이씩 차지하고 있었답니다. 또 북쪽으로 구정봉 너머에 있는 구룡연(九龍淵)에도 용이 있다고 합니다.

라고 하였다. 서쪽 산골물을 따라 구연동(九淵洞)으로 들어가니, 선담(船潭)에 이르는데, 좁고 긴 싸움배 모양으로 만들어진 흰 돌의 큰 배[大艦]가 한 구렁에 가로 놓여 걸쳐져 있고, 네모 반듯하게 뱃전과 키가 저절로 갖추어져 있는 것이 기술이 뛰어난 장인이 정성을 다하여 먹줄을 튕겨 만든 것처럼 교묘하고, 물이 가득 차면, 뾰족한 부리로 물이 흘러내리어 다시 큰 못을 만들었는데, 그 모양은 크기가 만폭동의 선담과 비슷하나, 웅장하고 기이하며 교묘한 면에서는 더 나았다. 안내하는 사람이 말하기를,

> 이 선담에서 오른쪽으로 한굽이를 돌아 들어가면, 물과 돌들이 맑고 웅장한데, 똑바로 가장 깊은 곳으로 들어가면, 자월암(紫月庵)과 진견성암(眞見性庵)과 구연암(九淵庵) 등의 여러 암자들이 있고, 거기서 만경대(萬景臺)로 올라갑니다.

말하였다. 구연동을 나와 동쪽으로 내려와서 유점사에 이르니, 북으로는 반달 같은 외로운 산봉우리를 등에 지고 있는 지세가 넓게 열리고, 흙이 많으며, 사방으로 산이 에워싼 것이 곱고 묘하며, 어리고 섬세한 자태를 하고 있는데, 가운데로 백천(百川)이 조용히 편편하게 흘렀다. 눈을 들어 높이 쳐다 보니, 한 덩이의 험한 돌도 없으며, 한 조각의 가파른 바위도 없으니 이곳이야말로 일천년 복지요, 부처님의 나라 중에서도 경치가 뛰어난 곳임을 믿을 수가 있었다. 절의 전각들과 누각들과 요사채들과 집채 사이로 이어진 복도(複道)들이 층층으로 얽혀 있는데, 대웅전 안에는 느릅나무뿌리로 천축산(天竺山:현 인디아에 있는 산)의 모양

구룡연 연담교(九龍淵 淵潭橋)
비봉폭포(飛鳳瀑布) 부근에 가설된 조교(弔橋). 이 연담교(淵潭橋)는 금강산 유일의 弔橋다.

을 조각하고, 53개의 작은 불상들을 돌아가며 앉혀 놓았고, 왼쪽에는 왜황(倭皇)의 원불(願佛)을 모셔 놓았고, 오른쪽에는 중국 천자(天子)의 원불(願佛)을 모셔 놓았고, 중간 마당에는 13층의 석탑을 세웠는데, 효령공자(孝寧公子:朝鮮太宗의 둘째 아들, 1396 -1486)가 불교에 아첨할 때에 만든 것이었다. 대웅전 동쪽에는 세조[光廟]의 원당(願堂)과 오탁정(烏啄井)과 노춘(盧椿)의 사당이 있고, 절문 밖에는 산영루(山暎樓)가 있는데, 돌을 깎아서 무지개 다리를 만들고, 그 위에 다락을 앉혔고, 서쪽으로부터 물을 끌어다가 큰 시내를 만들어 산영루 밑에서 쏟아지게 하였으니, 물 위의 누각으로서의 경치가 뛰어났다. 오늘은 밤에 남쪽 요사채에서 잤다.

17일, 유점사 스님이 사기(寺記)를 바치는데, 고려 때 동안거사(動安居士:지은이의 착각인 듯하다. 동안거사는 李承休의 호이다. 1224-1300) 민지(閔漬:자는 龍涎, 호는 默軒, 1248-1326, 벼슬은 僉議政丞을 지냄, 저술로 <世代編年節要>와 <本國編年綱目>이 있음)가 지은 것이었는데, 그 내용은 대략 이러하였다.

금위국(金衛國:舍衛國의 잘못, 사위국은 현 India의 Conda주에 있었음) 53불이 쇠로 된 종을 타고 바다를 건너 월씨국(月氏國: 지금의 중국 甘肅省 서북쪽에 漢代에 있었던 나라, 월지국)에 이르렀더니, 월지국왕이 집을 짓고 불상들을 모셨으나, 불상들이 월지국왕의 꿈에 나타나 다른 나라로 가고 싶다고 하매, 왕이 종에다 불상들을 담아서 다시 바다로 띄워 보냈더니, 신라(新羅)의 고성군(高城郡)에 이르러 남강(南江)에 머물었다. 고성군수 노춘(盧偆)이 불상들에게 머물러 주기를 청하니, 불상들이 서쪽의 금강산으로 들어갔다. 노춘이 그 뒤를 따라가면서 찾았는데, 어떤 늙은 비구니가 앞에서 길을 인도하기도 하고, 하얀 개가 인도해 주기도 하여 이 절자리에 이르렀기 때문에 노춘이 처음으로 절을 짓고 그 불상들을 모셨다. 이것이 유점사가 된 것인데, 때는 한(漢)나라 평제(平帝:재위, 서기 1-5) 원시(元始) 2년(4년의 잘못), 신라 남해왕(南海王:재위 4-23) 원년(서기 4)이라.

고 하였다. 예로부터 부처에게 아첨한 사람들은 허황한 이야기를 하여 어리석은 백성들을 현혹시키기를 좋아하더니, 이 이야기도 그런 것이라 살필 것이 없었다. 불교가 중국의 후한 명제(明帝:재위 58-75) 영평년간(永平年間:58-75)에 처음 들어와서 남북조(南北朝)때에 크게 번성하여 비로소 고구려(高句麗)에 들어오게 되었고, 고구려의 한 중이 남쪽의 일선군(一善郡:현재의 慶北善山郡) 도리산(桃李山:태조산에 있는 桃李寺)에 이르러 가부좌를 하고 참선하여 일부 사람들이 숭봉(崇奉)하다가 마지막으로 이차돈(異次頓:신라 법흥왕 때의 불교 순교자, 503-528)이라는 사람이 그 불법을 찬성하였다. 결국 불교가 우리 나라에 있게 된 것은 실로 신라 법흥왕 때인데, 이제 말하기를, "한평제원시 2년, 남해왕 원년"이라고 하니, 만약 그렇다면, 우리 나라 불교가 중국의 후한 명제 때보다 100여년이나 앞서 들어온 것이 된다. 민지(閔漬)는 글짓기를 잘하는 선비로 맑은 이름과 훌륭한 글들이 한 시대에 존경 받았거늘 이제 그가 지은 "유점사사적기(楡岾寺寺蹟記)"를 읽어 보니, 불교를 지나치게 믿고 허황한 말로 명산을 만들고, 옛날에 있던 일의 연대를 도리어 뒤바꾸기도 하였다. 남추강(南秋江)과 여상옹(驪上翁)이 그것을 변정(辨正)하여 밝혔다. 세조왕비(世祖王妃)께서 내려 주신 앵무새 모양으로 된 술잔[鸚鵡杯]과 칠보의 하나인 호박으로 만든 술잔[琥珀盃]과 지공(指空:元에 귀화한 인디아 스님, 迦葉尊者의 108代孫, ?-1363)이 금으로 쓴 금자경(金字經)과 인목대비(仁穆大妃:朝鮮宣祖의 後妃, 延興府院君 金悌男의 딸, 1584-1632)께서 서궁(西宮:現德壽宮)에 계실 때에 손수 은으로 쓰신 은자경(銀字經)과 정명공주(貞明公主:宣祖와 인목대비 사이의 딸)가 먹으로 쓴 글과 천축(天竺:현 인디아)에서 나는 패엽(貝葉)에 쓴 글을 경건히 구경하였다. 이른바 패엽이라고 하는 것은 자작나무 껍질과 같은 것으로 매끄럽고 윤택하며, 깨끗하고 하얀데, 실매듭문자[繩頭文字]를 가늘게 쓴 것 같은 모양의 글자는 이상하고 괴상하여 형용을 이름 붙일 수가 없었다. 밥을 먹은 뒤에 길을 떠나서 북쪽으로 향하여 신계사(新溪寺)로 갈 생각으로 산속의 옛 길인 절에서 동북쪽으로 박달꽂이[朴達串]를 넘어 불정대(佛頂臺)와 청학대(靑鶴臺)와 오송대(五松臺)와 풍혈(風穴)과 송림굴(松林窟)과 원통암(圓通庵)을 지나, 소양꽂이[昭陽串]를 넘어 발연사(鉢淵寺)에 이르렀더니, 발연(鉢淵)의 못둑이 터져서 길도 없어졌다. 동쪽으로 향하여 백구령(白狗嶺)을 넘어가서 산영루(山影樓)에 올라가 중을 시켜 구연(九淵) 벽에 이름을 새기게 하고, 남여를 타고 남쪽으로 백운교(白雲橋)와 명월교(明月橋)와 삼협교(三峽橋)와 단풍교(丹楓橋)의 네 다리를 건너 노루목[獐項]에

외금강 신계사(神溪寺)
온정의 서쪽으로 약 2km되는 곳에 위치. 신라 법흥왕(法興王) 때 보설조사가 창건하였다. 금강 4대사찰 중의 하나.

이르니, 시내 위에 있는 양쪽 벽은 물 가운데 박혀 있는데, 동쪽 벽에서부터 한 가닥 실처럼 길이 열렸다가 중간쯤에서 끊어지니까 나무 사다리를 가지고 길을 이어 놓았으나, 폭이 좁아서 한 쪽 발만을 디딜 수 있을 정도였다. 산 속의 국면이 평평하고, 땅바닥이 넓게 열려서 소나 말도 다닐 수가 있었는데, 오직 이곳만 험하게 막힌 까닭으로, 유점사 한 절에서 먹을 곡식은 모두 등으로 져 날라 올려 와야만 하였다. 동쪽으로 휘어서 2-3리를 가니, 개재[狗嶺]에 다다르는데, "유점사사적기"에서 이른바 "흰 개가 길을 인도하였다"고 한 바로 그곳이었다. 유점사에서 거의 4km를 가면, 걸음걸음이가 아래로 내려가지는 곳이 없어서 평지를 밟는 듯하여 재에 올라서 아래를 굽어보니, 백천(百川)이 골에서 모여 아득하고 희미한데, 구불구불 빙빙 돌아서 난 길이 8km에 곧게 매달려 있고, 수목은 사방으로 둘려 있어서 하늘과 해가 보이지 않았다. 노춘정(盧偆井)과 이대(尼臺)를 지나 아래로 내려가 백천교점(百川橋店)에 이르러 유점사를 쳐다보니, 구름밖에 있는 듯하였고, 은선대와 구연은 아득하여 마치 하늘 위에 있는 것 같이 보였다. 산골 막걸리를 사서 마시고 남여를 타고 다리를 건너 4km를 가니, 경고촌(京庫村)에 다달았다. 들이 넓고, 시내가 편편하여 풍기(風氣)가 맑고 시원하여 산에 들어온 이후 10 여일 동안에 보고 들은 것이 오직 산빛과 시내 소리뿐이었는데, 비로소 푸른 들판과 평지에서 수풀을 보겠고, 닭이 우는 소리와 개가 짖는 소리가 시끄러우니, 가슴이 조금은 시원히 열린 듯하였다. 경태(景泰:明代宗의 年號, 1450-1456, 成化의 잘못) 병술(丙戌:世祖 11, 1466)년에 세조께서 이 산에 행행하셨을 때에 각 절에 토지와 전답과 노비들을 후하게 내려 주시고, 경고(京庫:일명 稧庫라고도 함)를 두 곳에 두도록 하시되, 한 곳은 산중에 두고, 한 곳은 간성(杆城)의 열산(烈山:옛날 縣의 이름)에 두어 영동(嶺東)의 부세를 걷우어 스님들의 밥거리와 불공에 쓰도록 하

삼일포

였으나, 지금은 모두 폐해지고, 오직 유점사의 중들이 걷은 곡식들을 저장해 두는 고(庫)집일 뿐이고, 20-30대의 무자위를 두어 방아를 찧어 올리기만 한다. 표훈사에 있을 때에 신계사로 보냈던 종과 말들이 유점사에 와서 기다리고 있었다. 경고에서 사사로이 오가면서 약속한 시간을 어기고 오지도 않고 보내지도 아니하여 우경모(禹景謨)의 종 대한(大漢)을 시켜 이튿날 아침 일찍 종과 말들을 데려 오게 하였다.

18일, 대한(大漢)이 종과 말을 데리고 와서 길을 떴다. 북쪽으로 향하여 5리쯤 가서 조그만 재를 하나 넘어 동쪽으로 삼일포(三日浦)를 바라보니, 해산정(海山亭)과 돌산이 층층으로 솟아나 있고, 바다가 아득하게 보이며, 서편으로 신계사의 북쪽을 바라보니, 발연(鉢淵) 서쪽으로 우뚝우뚝한 석봉들이 층층으로 높이 솟은 것이 나무숲과 같아서 마치 성첩의 수많은 높은 담장과 300m는 될 듯한 높은 기둥이 푸른 하늘을 받히고 있어서 신령스럽게 빼어난 기운이 기이하고도 가파른 모양이 내금강산보다 더 심하였다. 유점사가 있는 한 고을이 전부 이러한 흙산이었다. 산영루(山映樓)에서 동남쪽의 경고와 서북쪽은 한 덩이의 돌이나 바위도 없어서 수림이 울창하

김응환의 해산정도

여 다만 천겹의 산봉우리들까지도 푸르고 무성하게 보여 웅후하고 중엄한 본체는 큰 덕을 갖춘 지성인[君子]과 같아서 여기에 이르면 산의 머리와 얼굴부분이 확 바뀌어 기이한 형상이 더욱 빼어났다. 4km 남짓하게 가다가 서편으로 한 굽이를 도니, 기암과 괴석들이 숲처럼 불규칙하게 펼쳐져서 저절로 한 곳의 구경처를 이루었으니, 이곳이 바로 신계동(新溪洞) 입구였다. 나는 먼저 떠나서 발연(鉢淵)에 이르니, 큰 돌이 넓은 구렁에 가로 걸쳐져 있는데, 가운데가 동그랗게 움푹 들어가서 꼭 밥그릇과 같은 모양이었다. 거기에 허공 중에 매달린 폭포가 거꾸로 쏟아져 물

이 가득 차면 넘쳐서 돌 위를 급하게 흘러서 된 깊은 웅덩이가 셋이나 있었다. 못 위에는 시내를 가로 지른 돌다리가 있어서 똑바로 200여m를 올라가니, 옛 절터에 이르는데, 깨진 기와장과 허물어진 담장의 돌들이 쓸쓸하여 서글픈 느낌을 일게 하였다. 절터의 남쪽에 큰 반석이 허리 부분부터 기울어지기 시작하여 누어져 있는데, 마치 쪼개진 50-60m쯤 되는 돌구유가 시내 위에 의지하여 서 있는 듯하여 물이 두 줄기로 나뉘었다가 이 발연에 이르러 다시 합쳐져서 급히 흘러 물살이 빨라 잠시도 한눈을 팔지 못하게 하였다. 그 아래에는 물이 고여 못을 이루었는데, 깊이는 3m가 좀 안되었다. 발연(鉢淵)의 고사(故事)에 달리는 폭포놀이가 있었는데, 절이 폐사가 되매 놀이마저 없어졌다. 상류에는 또 기이한 돌이 있는데, 양봉래가 "봉래도(逢萊島)"라는 세 글자를 크게 새겨 놓았다. 이 봉래섬 위에 양봉래의 절과 청폭루(聽瀑樓)의 옛 터도 있었다. 구름이 침침하게 하늘을 가려 금방이라도 비가 쏟아질 듯하여 길을 재촉하여 동문(洞門)을 나와 북쪽으로 4km 남짓 가니, 신계사의 남여꾼 중들이 와서 소나무숲에서 기다리고 있어서 남여를 타고 절로 들어가니, 풍악산의 북쪽 마을이었다. 북쪽으로는 미륵봉을 등지고, 동쪽에는 관음봉이 우뚝하게 솟아 있고, 남쪽은 산의 큰 기슭이 서편에서 동편으로 통하여 4km나 되는데, 순전히 한 개의 돌이어서 돌로만 된 골짜기이고, 돌로만 된 산봉우리였다. 돌산의 꼭대기가 층층으로 빼어나서 한줌의 흙과 아주 작은 나무도 전혀 없이 높이 솟은 모양은 붉은 놀에 물든 돌들이 바로 넓은 바다처럼 사방으로 비치니, 이것이 바로 구정봉(九井峯)이었다. 한 가닥의 산줄기가 북쪽에서 나와 동쪽으로 돌아 보문봉(普門峯)과 상중하 불사의봉(上中下不

思議峯)이 되었다. 신라 구왕(九王)이 절을 세워 중간에 폐사가 되었다가 성종(成宗:재위 1470-1494) 때에 지료(智了)스님이 중건하여 지금은 현륭원(顯隆園:思悼世子의 廟號)의 원당(願堂)이 되었다. 요사채는 네 채나 있고, 중들도 많으며, 물력(物力)도 대단히 넉넉하여 보였다. 밤에는 참선하는 방에서 잤다.

19일, 비에 막혀서 머물다가 오후에 잠간 비가 개어 최홍진(崔鴻晉)과 같이 대웅전 뒤의 산기슭을 올라가서 서쪽의 구룡연(九龍淵)이 있는 골안을 구경하고 왔다.

20일, 만물초(萬物草:일명 萬物相, 萬物肖)를 구경하기 위하여 남여를 타고, 유점사(楡岾寺) 북쪽의 작은 고개를 넘어 온정(溫井)에서 쉬고, 서쪽으로 4km 남짓 가니, 돌길이 기구하여 비탈길을 올라가기가 매우 험한 것이 내금강산과 똑같은데, 다만 산골안의 마을[洞天]이 조금 더 넓을 뿐이었다. 육화암(六花巖)과 나점(蘿店)을 지나서 바로 온정령(溫井嶺) 밑에 이르러 북쪽으로 200여m를 올라가서 바위 등줄기에 올라 다복쑥밭에 앉았으니, 작은 돌들이 눈같이 희고, 옥같이 흰데, 한 구렁에 가득 깔려 있었다. 산꼭대기의 가장 높은 곳에 오르니, 화살촉처럼 뾰족뾰족한 바위가 새하얀데, 주먹보다 작은 돌들과 조각난 바위들까지도 사물의 형상과 흡사한 것은 하나도 없었다. 나

만물초

는 길을 안내하는 중을 꾸짖어 말하기를,

　　사물의 형태를 한 것이 어디 있는가?

하였더니, 중이 대답하기를,

　　이것이 어찌 만물초입니까? 연전에 유점사의 중과 신계사의 중이 길을 잃고 헤어졌다가 유점사중이 신계사중을 꾸짖어 말하기를, "구룡연으로 가마를 메고 가는 일이 신계사에서는 제일 힘드는 일이 될 게다. 혹시 너희게 이 일 한가지만 맡겼으면 좋겠다. 내가 보기에 너희 절은 빈 터나 마찬가지가 될 것이다." 라고 한 뒤에 유점사에 머물고 있는 서울에서 온 높은 벼슬아치에게 달려가서 말하기를, "온정령 밑에 만물초가 있습니다."라고 하여 거짓말이 사방에 널리 퍼져서 구경꾼이 몰려들어 과연 신계사 중들에게 한가지 힘드는 일을 더해 주게 되었답니다.

라고 하였다. 나는 온정에서 서쪽으로 들어갈 때부터는 가마에서 내려 걸어서 가는데, 한 사람이 뒤따라 오면서 남 몰래 알려주는 말이,

　　나점에서부터 북쪽으로 두 개의 돌고개를 넘어가면, 만개의 산봉우리들이 옷깃 주름이 접혀진 듯 겹쳐진 속에 정말 만물초가 있는데, 길이 없고 험절하기 때문에 중들도 역시 모르는 척 숨긴답니다.

라고 하였다. 내가 서울에 있을 때에 양봉래(楊蓬萊)의 사기(私記)에 들으니,

구룡연에서 동석동(動石洞)으로 올라가 몇 고개를 기어 오르면, 천불동(千佛洞)이 있는데, 수많은 돌들이 모두 제 각각 다른 형상을 하고 있다.

고 하였다. 두 이야기가 서로 어긋나므로 자세히 알기 어려워서 꾸짖어 보았다. 그러나 만물초가 있는 것만은 틀림이 없는데, 사람들이 그것을 찾아 구경하지를 못하는 것 같았다. 중들이 말하기를,

  회양부사 이동형(李東馨:자는 稚聞, 1734- ?, 벼슬은 大司諫에 이름)이 기이한 것을 좋아하고, 놀기를 좋아하여 끝까지 만물초를 찾아 보려고 의관(衣冠)을 벗어 던지고 관아의 심부름꾼과 중들을 데리고 온 산을 찾아 헤메면서 끼니를 굶기도 하고 산속 숲에서 그냥 자기도 하며, 5일 동안이나 찾았으나 결국 허사였습니다.

라고 하였다. 산에서 내려와 나점에 이르니, 중들이 점심을 올려 점심을 먹은 뒤 신계사로 돌아왔다.

21일, 구룡연으로 들어갈 때에 서쪽으로 시내를 건너 나와서 나무숲 그늘 속으로 들어가서 정좌암(鼎坐巖)과 앙지대(仰止臺)와 천석문(穿石門)을 지나서 시내를 거슬러 남쪽으로 들어가니, 좌우의 벼랑 바위와 높고 낮은 돌봉우리들이 비로소 들쭉날쭉 얽혀서 앞을 보면 눈이 아찔하고, 뒤를 보면 길을 모르겠고, 하나의 벽을 지나면 새로운 벽이 또 나타나고, 한 봉우리가 사라지면 다른 봉우리가 또 나타났다. 한 걸음 가다 손가락질하고, 또 조금 가다가 살펴보곤 하니, 옆으로 기우뚱하게 생긴 기괴한 모양들과 제 각각 서로 다른 얼굴들을 들어내고, 영묘하게 빼어나고 더할

수 없이 희고 깨끗한 빛깔이 눈이 부시게 빛났다. 거의 4km쯤을 가서 옥류동(玉流洞)에 다달으니, 300여m가 넘는 누운 폭포[臥瀑]가 돌 위를 급히 흘러내려서 바람소리와 우뢰소리가 엇바꿔 크게 울리며, 물안개 같은 눈과 비가 쏟아지며, 깊은 못과 물웅덩이가 한 산골 시내물을 가로 질러 삼키며 넓은 바위가 못 위로 펼쳐져 있어서 만명쯤은 앉을 수 있는 자리를 이루고 있었다. 남여꾼 중들 8명을 남겨 두어 그 돌

옥류동.

높은 산골짜기를 흘러내리는 옥류폭포는 작은 철다리인 옥류다리를 지나 번번하게 누운 큰 바위를 타고 흐르다가 금강산에서도 제일 큰 못으로 알려진 자그마치 600여㎡에 이르는 옥류담을 이루어 놓았다.

위에 이름을 새겨 놓게 하고, 서쪽으로 한 굽이를 꼬부라져 가니, 여기서부터는 골짜기의 근원이 멀지 않은 듯 산세가 점점 막히고, 바위 벼랑도 점점 더 위험하여지고, 수세(水勢)도 더욱 급하여지며, 돌길도 점점 비탈져서 한치의 평지도 걸을 곳이 없어 바위 모서리를 끌어 잡고 올라가면서 굴러 떨어지는 돌을 엿보아 피하느라 걸음을 천천히 하고 틈틈이 앉아 쉬기도 하는데, 오래 앉아 쉬다가 또 좀 걷곤 하였다. 바위 벼랑이 갑자기 끊어지면서 비스듬히 기울어진 굵은 나무 사다리가 나와서 17층을 계속 올라가 조금 앞으로 나아가니, 또 나무 사다리가 있어서 이곳

을 지나 400여m쯤을 가니, 날아가는 봉황새[飛鳳] 같은 기이한 형상을 한 폭포가 남쪽 산봉우리의 돌 이마에 날아 떨어지면서 물을 뿌리고 빨리 씻어 내리 듯 날렵하게 허공 밖으로 흩어지고 있었다. 또 400여m쯤을 가니, 길은 서편 석벽의 허리를 지나게 되어 있는데, 그 형세는 매우 가팔랐으며, 비스듬한 석벽 아래에는 빨리 흐르는 여울이 성이 나서 돌을 세차게 두드리며 시끄럽게 소리를 내어 몸에 소름이 끼치는 듯하여 발을 벗고 뱀처럼 바위 벽을 안고 기어서 지나가니, 비로소 평지가 나왔다. 걸어서 한 활터만큼의 거리도 채 못가서 또 가파른 석벽이 있어서 그 앞에 딱 부딛히니, 13마디의 쇠사슬이 잇달아 매달려 늘어져 있었다. 그 쇠줄을 몸에 감고 움속의 구덩이를 내려가 듯이 내려가면, 바로 석대(石臺) 위에 올라서게 되는데, 거기서 고개를 들어 구룡폭포(九龍瀑布)를 쳐다 보면, 비로소 구름 병풍 위로 그 머리를 희미하게 들어내기 시작하였다. 몸을 돌려 부지런히 걸어서 동편 석벽의 중허리를 돌아 들어가니, 은빛 물결이 깎아지른 듯한 바위 벼랑에 꺼꾸로 달려 있었다. 그 모양은 마치 3000m는 될 듯한 깁을 빨아 아득히 높은 하늘에 걸어 놓은 것같기도 하고, 300m는 될 듯한 날으는 용이 깊은 산골 시내물을 마시려고 굽으리고 있는 듯도 하였다. 남은 물결은 방울방울 흩어지면서 바람 따라 빙글빙글 돌아서 맑은 하늘에 물을 뿌리고 씻어내 듯 하니, 마치 천상 옥루(玉樓)에서 신선 아이가 옥으로 만든 꽃을 비로 쓸어내리는 듯하기도 하고, 달나라의 선녀가 밝은 옥구슬을 흩어서 떨어뜨리는 듯도 하였다. 높고 뾰족한 흰 산봉우리들이 앞뒤로 감싸 호위하듯 어깨를 나란히 하고, 머리가 가지런히 이어져 허공중에 빠지고 모자라는 곳을 가려 주고 기위 주 듯하며,

구룡폭포.
9마리 용이 살았다고 '구룡폭포'라 이름하였다. 개성의 박연폭포, 설악산의 대승폭포와 함께 3대 폭포의 하나로 알려진 높이 100여m를 힘차게 떨어지는 폭포수는 깎아 세운 듯한 폭포벽과 어우러져 일대 장관을 이룬다.

좌우의 흰 석벽들은 세력을 모아 에워 안아서 동그랗게 병속의 하늘과 땅을 이룬 듯하였다. 발걸음을 옮겨 남쪽 석벽으로 가니, 돌바닥이 미끄럽고 결이 고와 반드르르하며, 너무 빛이 희어 고아한 문채가 나도록 깨끗하였다. 곧바로 폭포 바닥에 이르러 돌부리를 부여잡고 아래를 내려다 보기도 하고, 돌 위에서 구멍을 들여다 보기도 하니, 둥글기가 가마솥과 같은데, 물이 가득 담겨서 빛은 시커멓고, 용비린 내가 사람을 침노하였다. 작은 부리로부터 물이 넘쳐 흘러 다시 급히 쏟아지는 3m 남짓한 폭포가 되고, 그 폭포 아래에 비로소 큰못이 이루어져서 얼마나 깊은지 침침한데, 물이 흐르는 듯도 하고, 샘솟는 듯도 하여 감히 허리 굽혀 들여다 볼 수가 없었다. 이 골안부터가 신계사초입이었다. 시내는 평평한 산을 빙 돌아 볼만한 것은 하나도 없고, 앙지대(仰止臺) 이후부터는 산봉우리와 석벽이 마주 보며 솟아 기이함을 겨루고, 높이를 서로 다투어 어떤 것은 낮은데, 어떤 것은 높고, 어떤 것은 구부리고 있는데, 어떤 것은 고개를 쳐들고 있었다. 큰 거북이 잇몸을 들어내고 있는 듯한 험하고도 괴상한 반석이 골안에 가득 차서 곧바로 옥류동

(玉流洞)에까지 이르러서 그 끝이 다하기 전에 서남쪽으로 골짜기가 꼬부라졌다. 여기서부터 비로소 이른바 석벽이 다하고 벼랑이 끝났다고 하겠다. 갑짜기 다시 가파르고 험한 산이 번갈아 나오면서 구름을 내불어 휑뎅그렁하게 넓은 골짜기에 아지랑이 같은 기운[嵐氣]이 일어나 그 기이하고도 진기한 모양을 이루는 것이 더할 수 없었다. 용연(龍淵)에 이르니, 물에 갈아진 흰빛의 큰 돌이 깊이 파여서 큰 상자처럼 되어 있는데, 위로는 공중을 날아 떨어지는 폭포가 되고, 아래로는 물이 고여 깊은 못이 되어 비로소 여러 겹으로 포개진 바위 벼랑이 곧장 8km나 통하는 큰 골짜기임을 알았다. 높은 바위 벼랑에 기우뚱한 돌들이 많아서 넘어져 떨어져 구르면 죽어서 돌아오지 못하는 사람이 해마다 꼭 있다고 한다. 그러므로 위태한 곳은 밟지를 말아야 하고, 깊은 못에는 접근하지 않아야 하는 것이며, 감히 모험도 하지 않는 것인데, 사람들이 잘못 들어갔다가 위태한 곳이라는 이름으로 세상에 소문이 난다. 전일에 당시의 재상이던 민백흥(閔百興:자는 起之, 1800-?, 벼슬은 吏曹參判을 지냄)이 이 골에 놀러 왔다가 바위를 쪼아 새 길을 내고, 층계목을 놓아 위험한 길을 안전하게 해 놓았으므로 이제는 늙은 할망구들이나 어린아이들까지도 안전하게 걸어 갈 수 있게 되었다. 그러나 장엄하여 삼가고 두려워하는 마음을 가지게 하고, 그늘이 들어 어둠침침하여 으슥하여 대낮에도 바람이 불고, 천둥이 치는데 그 까닭은 괴물이 잠겨 있기 때문이라고 하니, 진실로 여러 사람들이 모여서 가지 않으면, 날씨가 따뜻하고 바람이 없는 날이라도 가볍게 들어갈 수가 없었다. 세 사람의 벗들과 돌 위에 자리 잡고 앉아서 술잔을 들어 서로 치하하면서 말하기를,

이곳은 천하에서 가장 험한 곳이고, 이 산에서 가장 깊은 곳이라 구름도 함부로 들어오지 못하며, 바람도 감히 들어오지 못하고, 비 온 뒤에도 또한 마구 들어오지 못하는데, 오늘은 하늘이 맑고 아지랑이 같은 남기(嵐氣)도 걷히고 바람도 멎어서 날씨가 온화하여 우리들로 하여금 명아주대 지팡이를 짚고 소요하면서 기이하고도 뛰어나 더할 수 없이 훌륭한 이 경치를 빼놓지 않고 모두 구경할 수 있었으니, 어찌 산신(山神)과 악령(嶽靈)의 도움이 아니겠는가?

라고 하였다. 드디어 바위 벼랑을 따라 북쪽으로 나와서 폭포 왼쪽의 석벽 꼭대기에 올라 팔담(八潭) 근원의 끝을 엿보니, 봉래산 중의 이른바 동석동(動石洞)인데, 날짐승이나 길짐승이 아니면 오갈 수가 없었다. 산을 내려와 옥류동(玉流洞)에 이르니, 해가 이미 저물 때가 되었다. 길을 떠나서 북쪽으로 가 바닷가 장진(長津)에서 잤다.

　22일. 옹천(甕遷)을 지나 남애나루[南厓津]에서 말에 먹이를 먹이고, 오후에 여름재[輿崙峴]를 넘어 4km를 채 못가서 소낙비가 물통을 들어 붓듯이 쏟아져 옷이 다 젖어 빨리 걸어서 운암점(雲巖店)에 들려 하였더니, 주인이 양식이 없다고 핑계하여 작은 시냇물을 건너 조진역(朝珍驛)에 이르러서 급히 촌사(村舍)에 들어가니, 누에치기가 한참이라서 머물러 잘 방이 없으므로 다시 운암점집에 이르러 쌀을 사 주고 저녁밥을 지어 달라고 하여 먹고 잤다.

　23일. 비가 계속 내렸다. 좁고 침침한 방에 틀어 박혀 아침나절이 지나도록 아침밥도 먹지를 못하였다. 비를 무릅쓰고 길을 임도창나루[林道倉津]에 이르니, 비가 걷히며 날씨가 맑아졌다. 북쪽으로 향하여 통천군(通川郡)에 이르러 잤다.

24일. 군 동헌 뒤편의 작은 고개를 넘어 동쪽을 바라보니, 금란(金欄)굴의 석벽이 총석봉(叢石峯) 꼭대기의 북쪽 건너편 문치(文峙)에 있었다. 흡곡현(歙谷縣:강원도 通川郡에 딸린 지명)에 이르니, 현령 정재운(丁載運) 경행(景行)이 손을 덥석 잡고 반갑게 맞이하며,

　　이는 틀림없이 풍악에서 오는 길이겠습니다.

이라고 말하였다. 그리고는 음식을 만드는 사람들에게 갖가지 해산물로 맛있는 요리를 만들라고 단단히 부탁까지 하였다. 인하여 관아 건물에서 잤다.

25일. 군수와 함께 북쪽의 작은 재를 넘어 2km쯤을 가서 시중대(侍中臺)에 다다르니, 무한히 넓은 둥근 못이 좁은 산골 시냇물을 안고 깨끗한 거울을 닦아 놓기나 한 것처럼 맑기를 다투는가 하면, 한 가닥 실 같은 낮은 산줄기는 마치 끊어진 듯하다가는 이어져 못 한 가운데로 들어가 툭 불거져 솟아서 시중대(侍中臺)가 되었다. 무수히 많은 소나무 숲의 그늘이 못물에 비치고, 못 밖에는 한 개 허리띠와 같이 깨끗한 모래밭이 둘려 있고, 모래밭 밖에는 1km쯤의 울창한 솔밭이 있고, 그 솔밭 밖에는 푸른 바다가 끝없이 펼쳐져 있는데, 한 개 점과 같은 알섬[卵島]이 시중대의 동쪽으로 마주 보고 있어서 마치 물 가운데의 연꽃처럼 아름다웠다. 남쪽으로 풍악산을 바라보니, 겹겹으로 둘러쳐진 높은 봉우리들이 하늘로 날아 오르는 듯하였고, 북쪽으로 안덕(安德)을

바라보니, 여기저기 흩어져 있는 섬들이 구름과 파도 속에 아득하게 보이고, 육진(六鎭:조선 世宗이 만주인들의 내침을 방어하기 위하여 설치한 옛 함경북도의 6 고을, 鍾城. 穩城. 會寧. 慶源. 慶興. 富寧임)의 산천도 똑바로 눈 앞에 다가와서 못과 바다가 굉장한 구경거리여서 마땅히 제일이지만, 세상 사람들은 경포(鏡浦: 현 江陵市內에 있음)로 으뜸을 삼으니, 무슨 까닭인가? 옛날에 상당부원군(上黨府院君) 한명회(韓明澮:자는 子濬, 1415- 1487, 호는 鷗亭, 벼슬은 영의정을 지냄)가 이 대에 올랐을 때에 정승에 임명되었다는 소식이 왔으므로 시중대라고 불려지게 되었다고 한다. 통천군의 아전들이 와서 장막을 치고 자리를 깔아 주어 마침내 각각 운(韻)을 내어 시 한 수씩을 지었다. 한낮이 되매 음식 만드는 사람들이 진수 성찬을 차려 바치는데, 뭍에서 나는 맛있는 음식물과 물에서 나는 맛있는 음식들이 다 갖추어져 있어서 더할 수 없이 귀하고도 좋았다. 해가 질 녘에 관아로 돌아왔다.

26일. 군수가 만류하여 머물렀다. 아전들을 동헌 마당에서 멀리 물리쳐 공연한 경비를 들이는 번잡을 피하도록 하고, 군수와 우리들만이 즐겁게 이야기를 나누고 있을 때에 경행(景行:당시 흡곡현령 丁載運)이 말하기를,

> 우리들이 오랜만에 만나서 먼길을 와 며칠 노는 것은 무상한 인간 세상살이에서는 대단히 즐거운 일입니다. 어제 시중대에서 지은 시들을 판에 새겨서 관아 동헌에 걸어 놓아 여행한 자취를 남겨 두어 없어지지 않게 하는 것이 어떻겠소이까?

하였다. 모두 좋다고 하여 곧바로 목수에게 명하여 큰 나무판에

오언시 연구(聯句)를 새기어 걸게 하고, 저녁을 먹은 뒤에 다 함께 관아 뒤에 있는 옛 성첩(城堞)에 올라가서 거닐다가 돌아왔다.

27일. 길을 떠나려 하니, 군수가 엽전 8꿰미와 쌀 서 말, 콩 두 말, 꿀 두 되, 다섯 되의 미싯가루, 두 근의 담배, 한지 종이 40장, 두 그릇의 반찬, 세 손의 마른 물고기, 굵은 초 30자루를 이별 선물로 주면서 총석정(叢石亭)에서 이별주를 나누었다.

오매나루[烏梅津]에 이르러서 배를 타고 바다로 들어가 천도(穿島)를 구경하니, 바로 총석정 밑인데, 나는 뱃멀미를 하기 때문에 배 타기를 사양하고, 홀로 말을 타고 바닷가를 따라 남쪽으로 내려가 먼저 총석정(叢石亭)에 올랐다. 서쪽에서 작은 산이 바다 가운데

총석정
옛부터 관동8경의 으뜸으로 손꼽혀 옴

로 들어와서 북쪽을 향하여 머리를 쳐들고 솟았는데, 그 위에 정자가 있었다. 네 개의 돌봉우리가 가파른 석벽들끼리 등지고 물속에 따로 떨어져 있는데, 모두 육 면으로 모가 진 기둥 20-30개가 30여m쯤 되는 키로 묶어 세워진 듯 솟아 있었다. 기둥 하나하나는 모지고 곧은 것이 빗살다발 같은데, 사선봉(四仙峯)이라고 하는 것은 정자를 에워싼 가장자리 언덕으로 비스듬히 누워 있는 것 같은 것이 길이는 일정하지 않으나, 여섯 모가 진 것은 꼭

같은 것들을 묶어서 만들어 놓은 것처럼 하나 같았다. 오랫동안 앉아 있으니까 배가 정자를 돌아서 물가 서쪽 언덕으로 정박하여 사람들이 정자에 올라 자리를 잡기에 맞이하며 천도(穿島)의 생김새를 물어 보았더니,

> 큰 백색의 바위가 바다 속에 우뚝하게 솟아서 입을 벌린 모양으로 구멍이 뚫려서 남북으로 통할 수가 있게 되어 있더군. 배를 타고 드나들면서 돌의 결을 쳐다 보았더니, 수 백 개의 모가 진 기둥의 뿌리가 둥글게 뭉쳐서 아래로 고드름처럼 늘어져 있더군.

이라고 하였다. 서쪽 물가의 어점(漁店)에 이르러 문을 열어 놓고 앉아서 남쪽을 바라보니, 한 개 실낱 같은 작은 산줄기가 바다 가운데로 들어와서 돌과 정자가 마주 보고 있었다. 경행(景行:丁載運)이 말하기를,

> 여기가 바로 금란굴이요. 벽 아래로 40-50m쯤 되는 긴 굴이 뚫려 있는데, 그 굴 안에 서 있는 돌이 앉아 있는 부처님과 너무도 흡사하고, 돌빛이 얼룩얼룩 무늬가 져서 마치 금란 가사를 입고 있는 것과 같다오. 금란굴 밖의 돌 형세는 모두 거꾸로 늘어져 있어서 세상 사람들은 관음통족암(觀音痛足巖)이라고 하며, 석벽 꼭대기에는 돌 영지[石芝]가 돋아 있지. 어떤 사람이 배를 내어 놓고, 바위 밑에서 60-70m쯤 되는 대나무 장대로 마침 그 돌 영지(靈芝)를 따 내리려 하는데, 갑짜기 비바람이 쳐서 바닷물이 제멋대로 솟아 올라 거의 죽은 사람이 되어서 나왔었다오.

라고 하였다.

동쪽 산을 넘어 환선대(喚仙臺)에 이르러 남쪽을 바라보니, 사

선봉(四仙峯)과 총석봉(叢石峯)이 넓게 펼쳐저 벌려 서 있고, 총석정 밑에는 깎아지른 석벽들이 여럿이 합쳐져 성책(城柵)을 이룬 듯하여 모양이 기이하고도 웅장하여 정자에 올라서 보는 것보다 더 경치가 뛰어났었다. 각각 운(韻)을 정하여 7언 율시를 짓고, 경행(景行:흡곡현령)과 작별하고 서쪽으로 4km를 가서 풍계서원(楓溪書院)에 이르니, 한강(寒岡:성명은 鄭逑)선생이 모셔져 제사를 잡수시는 곳이었다. 정선생은 만력(萬曆:明나라 神宗의 연호) 임진(壬辰:1592)년에 통천군수로 나오셔서 온 고을에 교화를 많이 끼치신 까닭으로 이 고을 사람들이 사모하여 모시고 있다. 밤에는 서원의 일신재(日新齋)에서 잤다.

28일. 새벽에 일어나서 사당을 심알(尋謁)하였다. 나는 주자(朱子:宋나라의 유학자, 이름은 熹, 자는 元晦. 仲晦, 호는 老亭, 紫陽, 晦庵, 晦翁, 遯翁, 雲谷老人, 滄洲病瘦 등이 있음, 저술로 <周易本義>등 유학서가 많음)의 가르침을 따르는 유학자[新安絃誦之徒]인지라 천리 먼 타향에 와서 우러러 인사를 올리니, 경모하는 마음이 성주(星州:현 경상북도에 딸린 지명)의 회연서원(檜淵書院:鄭逑와 李潤雨를 배향한 서원)과 사천(泗川:현 경상남도에 딸린 지명)의 사양서원(泗陽書院)에서 인사 드릴 때보다 크게 달랐다. 이 풍계서원의 왼쪽 옆에는 옛날의 재상 최윤덕(崔潤德:자는 汝和, 호는 霖谷, 1376-1445, 조선 초기 무장, 벼슬은 좌의정을 지냄)의 별사(別祠:통천에 있는 尙烈祠)가 있어서 들어가 절하였다. 밥을 먹은 뒤에 길을 떠나서 통천군을 지나 임도역(林道驛)에서 말에 먹이를 먹이고, 설암점(雪巖店)에 이르니 설암점 위로 2-3리쯤 되는 곳에 백정동(百鼎洞)이 있다고 하나 해가 저물어 들어가 볼 수가 없어서 남애(南厓)에서 잤다.

29일. 가게의 사람이 해돋이가 구경할 만하다고 하였다. 동쪽 하늘 가에 붉은 기운이 엷게 달무리처럼 비치면서 사방으로 구름 한 점이 없더니, 꽤 오랜 뒤에 서기로운 빛이 조금씩 검붉은 대파 꽃떨기[蔥籠]와 같은 것을 뚫고 비치는데, 하늘과 물이 바다 끝까지 붉은 물결이 되어 출렁이고 있어서 마치 큰 은쟁반 같은 것이 길게 늘어진 모양을 하고 물결을 헤치고 한 개 낚시대길이 남짓하게 솟아 오르니까 햇빛이 비로소 사방과 하늘과 물과 땅에 있는 삼라만상을 모두 환하게 밝히면서 빙글 도는 것 같았다. 동해에서 유람하는 사람들마다 매양 구름 그늘에 가려서 해돋이를 제대로 구경하지 못하였다는데, 이제 멋지게 직접 구경할 수 있었으니, 이도 또한 바다 귀신이 몰래 도와준 것이 아니겠는가? 밥을 먹은 뒤에 옹천(瓮遷)을 지나서 삼인암(三印巖)에서 잠시 쉬고, 서쪽으로 가다가 와룡폭포로 들어가니, 한 골안에 큰 돌이 가로로 걸쳐져 있어서 위 아래로 돌여울과 돌폭포와 돌못들이 있고, 깊고 얕은 돌웅덩이들과 돌로 된 낚시터와 돌로 된 언덕들이 무더기로 모여 있어서 기이한 경치를 이루어서 그 실지 광경이 금강산의 만폭동이나 구룡연보다도 못하지 않았다. 다만 바위 벼랑에 나무숲이 없어서 그 나무들이 에워싼 그림자가 드리우지 않은 것이 못하였다.

골안을 나와서 장진(長津)을 지나서 양진역(養珍驛:옛 강원도 高城郡에 있었던 역)에 이르러 말에 먹이를 먹이고, 서쪽으로 신계사(新溪寺)가 있는 골짜기를 바라보니, 마치 옛날에 사귀던 친한 사람의 얼굴을 마주 보는 듯하였고, 구룡연의 높은 산이 나를 향하여 다정한 느낌을 주는 듯하였다. 오후에 큰 길을 따라서 남강(南江)을 끼고 동쪽으로 가노라니, 들판은 넓고, 시내는 편편하게 흘러서 풍광이 매우 아름다웠다. 이곳은 풍악산의 북쪽 가지 인데, 동쪽으로 내려가면 삼일포(三日浦)의 맑은 지역이 되어 고성군의 승지(勝地)요, 해금강의 기이한 경치가 된다. 6-7km쯤을 가다가 북쪽으로 꺾어져 작은 지름길을 따라서 골안으로 들어가니, 소나무들이 빙 둘러 에워싸서 길을 잃고 헤매는 사람은 삼일포가 어디에 있는지를 알 수 없을 정도였다. 사방을 급히 돌면서 찾아 보니까 갑짜기 거울 바닥처럼 깨끗한 은빛 물결이 소나무들 사이로 은은하게 비쳤다. 물 한 가운데는 돌섬이 있고, 거기에는 단청이 화려한 정자가 마치 날개를 편 새처럼 서 있었다. 못가에서 서쪽으로 솔밭을 뚫고 들어가, 건너편 언덕쪽으로 소리를 질러 배를 불렀더니, 몽천사(夢泉寺:옛 강원도 高城郡에 있는 절)의 중이 큰 소리로 대답하고는 노를 저어 왔다. 배에 올라 천천히 36봉을 한 바퀴 돌며 구경하니, 마치 성 안에 한 곳의 아름다운 경치 좋은 곳을 열어 놓은 듯하였다. 삼일포의 못 서쪽은 풍악산이 있으나 산빛이 보이지 않았고, 못의 동쪽으로는 푸른 바다가 가깝지만, 바다의 경치도 보이지가 않았다. 저절로 구름과 물이 아름다운 경치를 이루고, 그윽하고 깊으며 한가롭고 넓은 모양이 안온하고도 고와서 맑으며 시원한 경치는 마치 예쁜 여인이 곱게 화장을 한 듯도 싶고, 점잖은 선비가 뽐내는 듯도 싶었다. 때마침 날씨는 더할 수 없이 맑고 깨끗하여 석양의 밝은 빛에 반사된 황금빛 물결이 넘실거리는데, 갈매기와 백로들이 날고 있는가 하면, 푸른 소나무들과 푸른 산봉우리들이 물결 속에 거꾸로 비치고 있었다. 높은 곳을 쳐다 보기도 하고 낮은 곳을 굽어 보기도 하면서 나도 모르게 큰 소리로 고함을 쳐 보기도 하였다. 돌섬을 빙 돌아서 남쪽으로 몇 활바탕의 거리를 내려 오다가 단서암(丹書巖) 밑의 움푹 들어간 움집 같은 곳에 배를 대고, 고개를 들어 "술랑도 남석행(述郎徒南石行)"이라는 6자를 쳐다보니, 이것이 바로 신선들이 쓴 단서(丹書)였다. 술랑이라는 사람은 신라 사람이다. 신라의 왕이 나이 어린 소년들 중에 용모가 아름다우면서 글을 잘 하는 사람들을 가려 뽑아 화랑(花郞)이라고 부르기도 하고, 풍월주(風月主)라고도 하고, 국선(國仙)이라고도 부르며, 후하게 먹을 것과 입을 것을 주면서 잘 꾸미게 하여 나라 안의 못과 산 중의 이름난 지역을 두루 돌아다니며 놀게 하였었다. 술랑과 영랑(永郎)과 안상(安詳)과 남석행은 관동지방을 두루 놀다가 이 못에서는 3일이나 논 까닭으로 이 포구의 이름과 정자의 이름이 지어졌으며, 그 유적이 남아 있다.

　단서의 비가 서 있는 위에 미륵(彌勒) 불상과 향을 묻은 기념비인 매향비(埋香碑)가 있으니, 고려 현종(顯宗:재위 1009-1031)때의 강릉도(江陵道) 존무사(存撫使) 김천호(金天晧)가 영동 지방의 여러 크고 작은 고을의 원들과 산승들과 뜻을 같이 하여 바닷가 모래톱에 향나무를 끌어 묻었다는 것이다. 이른바 미륵 매향이라는 것은 불교에서 말하는 바 지금 세상은 석가(釋迦)가 주관하고, 뒷 세상은 미륵이 주관한다는 까닭으로 향을 바닷가에 가라앉혀서 훗날에 미륵불이 세상을 주관할 때에 가까이 모시려는 기구이니, 그 생각은 깊고 머나, 바다가 들판이 되고 산이 바다로 바뀌는 세상에는 비석도 땅에 끄러묻어질 판에 다시 어떻게 향나무를 묻어 둔 곳을 알겠는가? 미욱하고도 어리석은 생각은 도리어 두원개(杜元凱:李穀의 東遊記에는 胡宗旦으로 되어 있음)가 비석을 물속에 가라앉혀 버린 일과 당시의 사대부들이 불교의 황탄하고도 망녕스런 데에 빠져 버렸던 무식함이 이와 같았다.

배를 돌려서 북쪽으로 올라가다가 배를 돌섬에 대어 놓고, 사선정(四仙亭)에 올라가니, 한 개 섬이 이상한 돌로 겹겹이 쌓여 이루어진 것으로 남쪽 모서리는 저절로 평평한 언덕이 되어 20-30명이 앉을 만하고, 정자의 북쪽 기둥 밑에는 홍허백(洪虛白: 이름은 貴達, 자는 兼善, 1438-1504, 다른 호로 涵虛亭이 있다. 벼슬은 左參贊을 지냄)이 지은 고시(古詩) 한 편이 새겨진 비석이 있었는데, 글자 하나하나를 읽을 만하였다.

동북쪽에는 물속에 기이한 바위들이 또 멋대로 벌려 있는데, 거북바위[龜巖], 사자바위[獅巖], 북바위[鼓巖]가 가장 기묘하였다. 북쪽으로 비탈길을 따라 내려와서 배에 올라 서쪽으로 몽천사(夢泉寺)에 다다르니, 수양버들과 무성한 소나무 그늘에 가려져 어둠침침한 못은 말할 수 없이 넓은데 연기가 낀 물결이 번쩍번쩍 엇갈려 비치어 정자 난간에 기대어 맑은 정신으로 앉아 있노라니 기분과 생각이 매우 상쾌하였다.

30일. 몽천사 동쪽의 산줄기를 타고 올라가서 석문(石門)을 구경하고, 아침밥을 먹은 뒤에 배를 타고 삼일포의 못에서 놀면서 세 벗들과 약속하여 말하기를,

> 배가 닿는 곳에서 반드시 시 한 수씩을 지읍시다.

라고 한 뒤에 마침내 뱃전을 두드리며 못 한 가운데에서 놀다가 동쪽으로 나와 석실(石室)에 배를 대어 놓고, 운자(韻字)를 짚어 깊이 생각하며 흥얼거릴 때에 설납(雪衲)이라는 어린 중이 노에 기대어 졸고 있기에 나는 곧 붓에 먹물을 찍어서 끝구를 이루어,

우연히 석실에 와 돌아감이 늦었더니 [偶來石室遲回久]
백로 나는 물가에 노를 잡은 중이 조네 [倚棹僧眠白鷺汀]

라고 하였다.

또 배를 저어 서쪽의 거북바위[龜巖]와 사자바위[獅巖]와 북바위[鼓巖]에 이르러 각각 시 한 수씩을 지었다. 다시 배를 타고 남쪽으로 내려가서 곧바로 못이 다하는 끝까지 갔다가 배를 돌려 망선정(望仙亭)에 오르니, 암자의 스님이 점심을 준비하여 와서 밥을 먹고 한 잠 잔 뒤에 조용히 앉아서 사방을 둘러 보다가 해가 이미 저물게 된 것을 알지 못하였다. 마침내 동쪽의 비탈길을 따라 내려와서 배를 타고 동쪽 바닷가에 이르러 길을 떠나서 소나무숲을 버려 두고, 차마 떠나기 어려워 걸음걸음마다 고개를 돌려 뒤돌아보며 2km쯤을 오니, 고성읍에 다달았다. 여기저기 흩어져 있는 백성들의 집들이 반쯤은 강가에 있었고, 반쯤은 높은 산등성이에 있는데, 푸르른 나무숲의 그늘 사이로 초가 지붕들이 보일 듯 말 듯하고, 저녁 연기가 물고기를 잡기 위하여 대나무가지로 엮어 만든 가리[籠罾]처럼 피어 오르고 있었다.

해산정(海山亭:車軾이 세운 정자로 경치가 뛰어나 韓石峯. 宋尤庵. 金谷雲의 글씨가 있음)에 오르니, 정자는 객관 서편 언덕[西臺]에 자리를 잡고 있어서 서쪽으로는 풍악산이 바라다 보이며, 동편으로는 푸른 바다가 바라보이므로 해산정이라고 부른다는 것이다. 동서 양편으로 거북바위[龜巖]가 뒤편에서 감싸 호위하고, 앞에는 남강(南江)이 허리띠처럼 흐르고, 바다 입구에는 석범산(石帆山)과 칠성석(七星石)이 우뚝한 모양으로 하얗게 솟아 있었다. 북쪽의 들판에는 큰 마을이 소나무 숲으로 에워싸여 있는데, 떨어지는 햇빛이 허공중에 명랑하고, 저녁의 공기는 푸르르며 아득하여 완연히 채색한 그림 속의 누대였다. 정자에 걸려 있는 정자의 이름은 김수증(金壽增:자는 延之, 호는 谷雲, 1624-1701, 벼슬은 1689에 淮陽府使를 지내고 成川府使를 지냄, 저서로 <谷雲集>이 있음)이 팔분체의 큰 글씨로 쓴 것이었으며, 그 밖에 고금의 여러 사람들이 지은 시들을 기록한 시판(詩板)들이 거의 온 정자에 걸려 있었다. 해가 저물어 어둑어둑해질 무렵에 가게로 내려왔더니, 고성군수가 서울에 있으면서 영을 내려 내일 우리들의 바닷놀이에 관한 일을 잘 돌보아 접대하도록 단단히 이르셨다는 것이었다.

5월 초1일. 식후에 다시 해산정에 올랐다가 동쪽으로 하여 빈 관아에 들어가 망악정(望嶽亭)을 구경하니, 이간옹(李艮翁:이름은 獻慶, 자는 夢瑞, 1719-1791, 저서에 <艮翁集>이 있음)의 벽기(壁記)가 있었다.

해금강

문을 나와서 동쪽으로 가 해금강(海金剛)에서 놀려고 하는데, 마침 김화(金化)에서 온 관유객이 관악기(管樂器:竹)들과 현악기(絃樂器:絲)들을 가지고 와서 한 바탕 풍악을 울리다가 4km쯤을 가 선돌나루[立石津]에 이르니, 우리를 대접할 아전[候吏]이 먼저 와서 크고 작은 배들을 모아 가지런히 정돈을 해 놓았는데, 배의 모양이 길이는 작고 폭도 좁아서 많은 사람들을 용납하기 어려우므로, 우리의 접대를 맡아서 일을 보는 아전이 윗나루[上津]에 가서 큰 배를 몰고 왔다. 이날의 일기는 햇볕은 따뜻하고, 바람은 고요하여 바다 물결도 잔잔하여 하늘끝과 땅끝까지가 모두 하나의 거울처럼 빈 듯이 환하였다. 바닷가의 한 굽이를 돌아 바다 중간으로 나아가니, 괴상한 돌들이 쑥잎처럼 다닥다닥한데, 기기괴괴한가 하면, 반듯반듯하기도 하고, 가지런하기도 하며, 아름답기도 하고, 나뭇잎들이 무성하기도 하며, 오색이 섞바뀌어 기이한 변화는 헤아릴 수가 없는데, 그 겹겹이 싸인 수를 생각해 보면, 일 천봉에서 일 만봉에 이르는 듯하고, 그 길이의 길고 짧음의 모양을 보면, 6-7m에서 33cm에 이르는 것들이 있으며, 하나하나 서 있는 것들의 그 뾰족함을 보면, <삼국지연의(三國志演義)>에 나오는 적벽강 영루(赤壁江營壘)에 꽂혀 있었던 칼과 창들의 빽빽함과 같았다. 겹겹이 돌아가며 벌려 있는 것은 백옥이 깨끗하기를 경쟁하는 큰 모임과 같기도 하고, 여러 신선들이 정열하여 반열(班列)에 늘어서 있는 듯하기도 하였다. 갖가지 형상으로 곱게 조각한 것과 기이한 재주와 여기저기 흩어져 있는 구멍과 굴들은 산에 있는 벌레들이 나뭇잎을 갉아 먹은 것과 같았다. 돌의 줄기와 결이 주름잡히듯한 기이한 무늬를 보면, 가늘고 자잘한 구름과 비단이 드리워진 벽과 같았다. 벌려 서 있는 것은 마치 보배로운 나무들이 숲을 이룬 듯하였고, 밝게 반짝이는 것은 마치 보배로운 꽃들이 햇빛에 비치는 것과 같았다. 천하의 기이한 형태와 기이한 모양과 괴상한 경치가 용들[異物]이 거의 온 바다에 흩어져 있는 것과 같았다. 저쪽 바다 언덕과 이쪽 바닷가가 각각 구멍이 뚫리

듯 굽어진 뱃길이 되어 그 안으로 배들이 들어가 바닷가로 물이 돌아 흘러 굽이마다 꺾여지게 되면, 관악기와 현악기들이 요란히 울리는 소리가 많은 돌에 모두 부딛혀 울려 퍼져서 마치 신선이 산다는 오산(鰲山)마루를 쳐다 보기도 하고, 내려다보기도 하는 것 같았으며, 큰 붕(鵬)새의 등을 타고 노니는 듯싶기도 하였다. 바람이 불어 배를 달리게 하니 서늘한 기운이 있었는데, 곧바로 광상산(廣桑山)밑까지 왔다. 돌이 다한 곳에 이르러서 배를 돌려 남쪽으로 내려가 석봉(石峯)에 배를 대고, 봉우리 위에 기어 올라가서 한 바퀴를 돌아보니, 바닷가 언덕이 툭 튀어나듯 솟아 올라 30여m쯤 되는 붉은 석벽이 큰 병풍을 둘러 친 듯이 에워져 있었다. 그 돌병풍 밑에는 눈처럼 흰 돌이 어깨를 가지런히 하며 머리를 물 가운데 추켜 들고 세 개의 바위가 서 있으니 이것이 이른바 군옥대(群玉臺)였다. 그리고 이 군옥대 앞의 일 만개 돌들이 바로 해금강(海金剛)이었다. 풍악산의 돌일[石事]들을 이미 기묘하게 끝낸 조물주는 장인들의 정치하고 미세한 귀신 같은 재주를 써서 산석(山石)뿐이 아니라 동암(洞巖)까지도 대적할 만하게 이 해금강을 또 만들어 놓았다.

  고기잡이에게 생복(生鰒)을 따 오게 명하여 술안주를 삼아 마시며 한참 쉬고 난 뒤에, 또 배를 타고 북을 두드려 풍악을 울리며 아래로 물속을 굽어 보니, 그 깊이는 아득하기 이를 데 없고 맑고 투명한 것이 300m도 더 될 듯한데, 모두 흰 돌로 바닥이 되어 삐죽삐죽 좌우로 마주 대하여 솟아 있고, 그 중에 물 위로 위험하게 솟은 것들은 다 짐승의 머리에 난 뿔과 흡사하였다. 바다 귀신인 천오(天吳)를 시켜서 바다를 옮겨 땅에다가 그 온몸을 다 들어내 놓게 하였으면, 빙 둘러 싼 괴상한 경치는 물 위의 다발로만 그치지 않을 것이다.

  여러 벗들이 모두 칠성봉(七星峯:高城 앞바다에 있는 일곱 개의 섬)까지 가보자고 하였으나, 나는 깊이 들어가는 것이 두려워서 혼자 뭍에 내려 바다에 솟은 돌 위에 앉아 있는데, 눈앞의 칠성봉이 새벽별처럼 드문드문하게 보였고, 하나하나가 골라 뽑혀진 옥이 하늘 한 가운데에서 빛나는 듯하였고, 흰 빛 물새들이 날아들어 뒤섞여 모두가 한 가지 빛이 되었다. 그 밖의 이름 없는 돌들은 어떤 것은 크고, 어떤 것은 작고, 어떤 것은 둥글고, 어떤 것은 모지기도 하였다. 마치 별들이 흩어져 있는 듯하기도 하고, 바둑판에 바둑돌이 놓인 것 같기도 하여 위 아래로 서로 이어진 것이 온통 해금강이 되었다. 시간이 꽤 오래 되어서야 여러 벗들이 배를 돌려 북을 치고 풍악을 울리며 돌아와서 멋대로 자리 잡고 앉아서 서로 돌아보며 치하하여 말하기를,

    지난 날 단발령(斷髮嶺)에서 구름이 걷힌 일과 구룡연(九龍淵)에서의 기이하게 논 것과 남애(南厓)에서의 해맞이를 한 것들은 다 귀신들이 몰래 도와 준 것이라고 한다면, 오늘 바다에서의 뱃놀이에 바람이 자고 물결이 고요하여 뱃전을 치며 즐겁게 노닐어서 흥이 더할 수 없도록 즐기고 돌아온 것은 진실로 강물 귀신인 풍이(馮夷)와 바다 귀신인 해백(海伯)이 들어내 놓고 우리들을 도와준 것이라고 하겠소이다. 우리들의 나이가 50이 넘어 비로소 신선들이 사는 굴에서 놀아 인간 세상에서 묻혀 온 가슴속의 회포가 이제부터 환하게 틔워졌으니, 어찌 다행하지 않겠소?

라고 하였다.

  일행들과 함께 나룻마을[津村]로 들어가니, 관가의 종들이 바다

에서 나는 맛있는 음식을 풍성히 차려 점심으로 바쳐 잘 먹고, 해가 질 녘쯤 하여 발길을 돌려 구길을 따라 서쪽으로 하여 돌아왔다. 하늘은 맑고 들판은 넓어서 풍악산의 전체가 환하고 시원하게 열려 미륵봉(彌勒峯)과 만경봉(萬景峯)의 돌들이 아득하게 새끼 손가락처럼 보였고, 만물초(萬物草)와 구정봉(九井峯)의 눈처럼 흰 봉우리들이 마치 여름날 구름이 빽빽하게 모여 기이한 형상을 이루는 듯하여 넋을 잃고 바라보게 되어 눈을 뗄 수가 없었다. 발걸음을 조심하여 천천히 걸어서 대호정(帶湖亭:옛 강원도 高城郡南江의 언덕 위에 있음, 옛 이름은 高山臺)에 이르니, 앞에는 남강(南江)에 닿아 있는데, 남강은 유점사(楡岾寺)에서 발원하여 경고(京庫)에 이르러 대장동(大藏洞)의 물과 합쳐져서 배못[舟淵]과 검은못[黑淵]과 살여울[箭灘]을 이루고, 양진역(養眞驛)에 이르러는 신계사(新溪寺)의 물과 발연(鉢淵)의 물이 모여 남강(南江)이 되어 이 호해정(湖海亭:帶湖亭과 海山亭을 아울러 이른 말)을 안고 동쪽으로 흘러 간다. 정자는 새로 지어져서 금방 씻어낸 듯 깨끗하고, 맑은 못과 흰 모래와 울창하고 무성한 나무숲의 그늘은 그윽하면서도 맑고 시원하기가 더할 수 없을 정도였다. 악공들을 시켜 풍악을 울리게 하여 노래 몇 곡조를 연주하게 하니, 구경꾼들이 사방에서 모여들어 차례로 일어나 춤을 추며 즐겼다. 해가 져 어둑어둑해질 무렵에 가게집으로 돌아와 잤다.

초2일. 남강을 건너 2km쯤을 와서 영랑호(永郎湖:지금의 강원도 杆城郡과 속초시의 경계에 있는 못)를 지나 현종암(懸鍾巖:高城郡 바닷가에 있는 바위, 일명 掛鐘巖)에 다다르니, 하얀 돌이 산고개 모양으로 생겨서 높고 험하고도 웅장한데 남쪽 모퉁이에 석굴이 있었다. 굴속은 비어 입을 딱 벌리고 있는 듯한 모양을

이의성의 현종암 그림

하고 있었다. 처마 끝에는 마치 아홉 개의 황금종을 매달아 느러뜨린 것처럼 매달려 있고, 산밑에는 바닷돌들이 가득 깔려 빈틈이 없게 흩어져 있으며, 돌배[石船]와 돌구유[石槽]라고 불리우는 바위들도 있었다. 나무꾼이 와서 고하여 말하기를,

저 현종(懸鍾)은 53불상이 타고 왔던 것이며, 그 사공은 칠성봉 꼭대기에 서 있습니다.

라고 하였다. 어제 칠성봉 허리에서 외롭게 서 있는 돌이 마치 사공이 상앗대를 저으며 뱃전에 서 있는 것과 아주 흡사한 것을 보았더니, 곧 여러 사람들의 말이 모여 꾸며진 이야기일 것이다. 처음 보고 들은 것으로는 민지(閔漬)의 무리들에서부터 비롯된 것이었다.

또 400m쯤을 바닷가로 걸어 갔더니, 효자 황신원(黃信元)의 비석이 있는데, 그 비석 뒤로 1km쯤 되는 곳에 맑은 못이 있고, 그 못의 북쪽 가장자리에는 울창한 소나무숲의 그늘 속으로 촌락의 높고 낮은 집들이 조금씩 보였다. 그 촌락 뒤로는 아홉 개의 돌봉우리가 서 있는데, 그 하나하나가 마치 홀(笏)처럼 보였다. 구름과 사물들이 깨끗하고 예쁘며, 물빛이 하늘빛과 꼭 같으니, 이것

이 감호(鑑湖)였다. 감호의 북쪽 언덕에 툭 튀어난 작은 언덕[小臺]에 소나무들이 어지럽게 자라서 빽빽하게 들어찬 것은 양봉래(楊蓬萊:이름은 士彦)의 비래정(飛來亭)이었다. 비래정 뒤에 있는 큰 부락은 황효자(黃孝子:黃信元)가 옛날에 살던 곳이었다. 그 부락의 뒤로 겹겹으로 솟아 있는 홀(笏) 모양의 돌들은 구선봉(九仙峯)이었다. 그 남쪽벽에는 어풍정(御風亭)이라는 정자가 옛날에는 있었는데, 지금은 없어졌다. 나는 일찌기 선배님들이 기록한 것을 읽었는데,

　　양봉래가 감호에다 정자를 짓고, 신선 생활을 하면서 크게 "비래정(飛來亭)"이라고 써서 정자 벽 위에 걸어 놓았다. 하루는 바람이 불면서 "비(飛)"자를 휘말아 곧바로 하늘로 치솟아서 어디로 갔는지를 알 수 없었는데, 곧 그 날이 양봉래가 서거한 날이었다. 양봉래가 일생의 정신(精神)을 이 "비(飛)"자에 두어 기운이 흩어지매 그 글자도 함께 흩어져 버렸다.

라고 하였다. 그래서 감호는 신선들이 사는 곳으로 이름 난 곳이 되었다. 70-80m쯤을 가니, 끝없이 펼쳐진 모래밭길에 해당화(海棠花)가 한참 흐드러지게 피어 붉게 빛나는 자리를 4km쯤 깔아 놓은 것 같았다. 향기로운 바람의 냄새가 옷깃을 스쳤다. 통천의 문바위[門巖]에서부터 모래밭 언덕에 해당화가 물이 세차게 흐르듯이 40여km에 그치지 않고 피어 있었는데, 이곳에 다다르니 더욱 성하여 마치 수놓은 비단 피륙더미에 들어 있는 것같아서 가까이 들여다 보면서 즐기기도 하고, 멀리서 떨어져 바라보기도 하면서 천천히 걸어갈 때에 문득 허공 중에서 이상한 소리가 나는 듯 맑은 허공 중에 여운이 있어서 발걸음을 멈추고 우뚝 서

서 조용히 살펴보았더니, 소리도 또한 따라서 안 들렸다. 또 한 발짝 두 발짝 옮기니, 또 그 소리도 났다. 비로소 그 소리가 모래를 밟아서 나는 것임을 알았다. 곧 발걸음이 모래를 울려서 신발 밑에서 나는 소리였다. 옛 가사(歌詞)에 이른바 "명사 십리 해당홍"이라는 것을 우리들이 지금 경험하고 있는 것이었다. 마침내 걸음걸음마다 "빠드득 뽀드득"소리가 나는 것을 자세히 살펴 들으면서 마치 언 눈 위를 밟는 듯이 하니, 소리가 허공에 울려서 거문고 소리가 바람결에 따라 변하는 듯하였다. 지팡이를 가지고 좌우로 구멍을 파니, 모래끼리 서로 부딪히면서 쇠와 돌이 부딪는 듯한 소기리가 났다. 모래를 한 주먹 움켜 쥐고 자세히 들여다 보니, 알알이 꼭 차서 낱낱이 굳고 단단하였다. 그 모래의 빛깔은 연분홍이어서 햇빛에 비치면, 반짝반짝하였다.

　　석진(席津)에 이르러 말에 먹이를 먹이고, 명파역(明波驛)을 지나서 쑥고개[艾峴]를 넘어 대금진(大金津)에서 잤다.

　　초3일. 소낙비가 오래 내리고, 동풍이 바다를 휘말아 물결 치는 소리가 천지를 뒤옆는 듯하여 문을 꼭 닫고, 조용히 앉아서 종이와 벼루를 벌려 놓고, 전에 지은 시들을 고쳐 쓰며, 긴긴 하루를 보냈다.

　　초4일. 비가 그치고 날씨가 맑게 개었다. 사앙(士仰:禹景謨)이 민물고기를 먹고 얻은 속병이 있어서 말을 타고 큰 길을 따라 갔고, 나와 경집(景執:睦允中)과 석장(碩章:崔鴻晉)은 지름길을 찾아 바닷가로 가서 화진호(花津湖:지금의 강원도 高城郡에 있는 화진포)를 지나니, 이 화진호는 영동 팔호(嶺東八湖)의 하나였다. 4km쯤을 가서 큰 길과 합쳐져 간성(杆城)의 북천(北川)에 이르니, 사앙(士仰:禹景謨)이 말을 쉬게 하면서 앉아 기다리고 있었다. 간성읍 입구의 관가 기생의 집에 다다라 말에게 먹이를 먹이고, 오후에 영월루(映月樓:옛 杆城邑 客館東쪽에 있던 누정)에 올라 잠시 쉬고, 길을 떠나서 작은 고개를 넘으니, 푸른 들판이 편편하게 넓은데, 밭두둑들이 멀리 열려 있고, 드문드문 촌락이 산기슭을 의지하여 소나무 숲 속 깊이 가려 숨박꼭질하듯 보여 마치 한 폭의 그림을 구경하는 듯하였다. 80-90m쯤 소나무숲을 뚫고 서쪽으로 선유담(仙遊潭)에 들어가니, 선유담은 물의 둘레가 약 2km는 되는데, 사면으로 그윽하고 아늑하며 깊고 묘한 경치를 안고 있으며, 흰 마름풀과 푸른 순채풀들이 못 가득히 떠 있었다. 선유담 입구의 가운데에 남강두(南岡斗)의 가학정(駕鶴亭)이 있었는데, 지금은 없어졌다. 마침내 선유담 골안을 벗어나 남쪽으로 내려와 오리진(梧里津)에서 잤다.

초5일. 일찍 일어나 해돋이를 구경하는데, 엷은 구름이 잠시 흐려져서 남애(南厓)에서의 맑고 상쾌하던 것만 못하였다. 아침을 먹은 뒤에 길을 떠나 교암진(橋巖津)에 이르러 동쪽을 바라보니, 바다 가운데에 큰 돌이 3만m는 될만큼 높이 치솟아 있는데, 위는 뾰족하고, 아래는 둥글며, 온 몸이 새하야 멀리 중천을 비치고, 동쪽으로 벋은 한 가닥은 성 위에 나지막하게 쌓은 낮은 담처럼 가로로 걸쳐져 있어서 온통 이 흰빛으로 뒤섞인 듯하였다. 어떤 사람들은 능파도(凌波島)라고 부르기도 하고, 소봉래(小蓬萊)라고도 하니, 백성들이 속되게 부르기는 흰섬[白島]이라고 하였다. 흰섬은 겉으로는 볼품이 없는 돌이 끊임이 없이 물 속으로 들어가서 마치 돌 들보처럼 바다를 가로 지르고 있는 듯하였다. 8km를 와 청간정(淸澗亭:옛 강원도 杆城郡에 있는 정자, 일명 淸磵亭)에 이르러 남루(南樓)에 오르니, 앞으로는 푸른 바다가 닿아 있

청간정도

어서 사방으로 막거나 가려지는 것이 없고, 하늘은 높고 맑아서 온 세상이 환하게 밝아졌다. 해가 돋는 곳에 있다는 부상(扶桑)의 해가 솟는 나뭇가지가 붙들어 올리려는 듯하고, 고니와 붕새의 변화와 해와 달이 뜨고 지는 것들이 눈 앞에 있으니, 영동에서 바다 구경을 하는 곳으로는 반드시 청간정을 제일로 치고 아울러 영동 팔경(嶺東八景)에 포함시키고 있다. 남루 뒤에 있는 만경대(萬景臺)에 올라서 서쪽으로 설악산(雪嶽山) 골안을 바라보니, 천후(天吼:옛 강원도 杆城郡에 있는 산봉, 지금의 울산바위로 알려진 산) 봉우리들 하나하나가 손바닥 안에 있는 듯이 자세히 보였다. 말에 먹이를 먹이고, 길을 떠나 속사진(束沙津:지금의 강원도 속초시)에 이르니, 이 나루 입구에서 고기잡는 사람들이 분주히 소리를 지르는데, 손에는 작살[鏃矢]로 방어를 꿰어 들었고, 모래판에는 두어 마리의 큰 물고기들이 펄떡이고 있었다. 주머니의 엽전을 다 털어서 그것들을 샀다. 청초호(靑草湖)에 이르니, 바다 안개가 자욱히 끼어 눈앞이 흐려서 못의 아름다운 경치를 볼 수가 없었다.

　서쪽으로 작은 고개를 넘어 동쪽으로 꼬부라져 500-600m쯤을 가서 무지개문으로 굽어 보며 낙산사(洛山寺)로 올라가니, 낙산사는 바닷가 언덕 산등에 있어서 지세가 높고 시원하여, 닿아 있는 푸른 바다가 내려다 보이고 전각은 넓고 크며, 스님들이 머무는 집채들이 둘레를 에우고 있어서 마치 천 층 신기(千層蜃氣)가 누대를 불어서 솟게 한 듯하고, 누각 앞에는 이화정(梨花亭)이 있다. 이화정 동편에는 빈일루(賓日樓)가 있으니 왕의 사신들과 벼슬아치들이 머물러 자는 곳인데, 해돋이를 구경하는 곳이었다. "낙산사기(洛山寺記)"를 보니,

> 신라 때 의상(義相:신라 스님, 625-702, 韓國華嚴宗의 初祖, 저서로 <華嚴一乘法界圖>등이 있음)이 친히 관음보살의 성스런 모습을 보고 싶어서 관음굴(觀音窟)의 돌 위에 앉아서 이틀이나 절하였으나, 관음보살을 보지 못하여 문득 몸을 바다에 던져 죽으려 하였더니, 바닷 속에 있던 용이 의상을 부축하여 돌 위에 내어다 놓으니, 관음보살이 굴 안에서 팔을 뻗어 수정 염주(水晶念珠)를 주며 말하기를, "이 굴 위로 올라가서 두 그루 대나무가 높이 솟아 있는 곳에 이르면 한 채의 전각을 짓고 불상들을 배설하여 모실 수가 있을 것이다."라고 하였다. 이에 그 땅에다 절을 지으니, 곧 이 절이라고 하였다. 그리고 조선의 익조(翼祖:朝鮮太祖 李成桂의 曾祖父)대왕과 정숙왕후(貞淑王后:翼祖妃登州崔氏)께서는 이 절에서 기도를 드린 뒤에 도조(度祖:李成桂의 祖父)대왕을 나으신 까닭으로 태조(太祖:재위 1392-1398)께서 봄과 가을로 사신을 보내어 삼일 동안 제사를 올리게 하셨고, 세조(世祖:재위 1455-1468)께서는 친히 다녀 가시면서 전토(田土)와 노비들을 후하게 내려 주시고, 절의 집채도 새로 고쳐 지어 주셨다.

라고 기록되어 있었다.

초6일. 여러 벗들과 관음굴에서 머물러 자기로 약속하였다. 노중경(盧重慶)이라는 사람은 양양(襄陽)에 사는 훌륭한 선비였다. 나와는 평상시에 알고 지내는 터였는데, 이 양양읍에서 4km 쯤 떨어진 곳에서 살고 있었다. 말을 타고 서쪽으로 가서 양양부

의 서쪽 임천촌(林泉村)에 다다르니, 노생(盧生)이 시냇물을 건너 서촌(西村)으로 이사하여 그의 아우와 같이 살고 있다고 하여 다리를 걷고 시내를 건너 초당으로 들어가니, 노생이 놀라 허겁지겁 나와 맞아 주어 여러 가지 이야기를 다정히 나누고, 나는 전자(篆字)를 크게 십 여장을 써서 그에게 주고 절로 돌아왔다. 여러 벗들은 모두 관음굴로 내려가고 없어서 나도 걸어서 절 왼편 깊은 산골 시내쪽으로 내려가다가 의상대(義相臺)에서 잠깐 쉬고,

낙산사 관음굴

관음굴에 이르렀다. 바닷가 기울어진 언덕의 벽 위에 큰 누각을 지어서 누각 밑을 굽어 드려다 보면, 큰 돌이 쪼개져 한가닥 길처럼 큰 도랑이 탁 트여 동쪽으로 바닷물과 통하고, 서쪽으로는 산으로 들어가 자리 잡고 있으니, 이것이 관음굴의 생김새였다. 구름 같은 파도와 눈같이 흰 물결이 도랑 안으로 거꾸로 들어치면, 절구질하듯 부딛혀서 힘차게 샘솟듯 치솟았다가 쓰러지며 격렬한 우뢰 치듯 성내어 으르렁거려서 그 위에 사람들이 앉아 있는데도 온 누각과 함께 흔들려서 거의 쓰러질 듯싶어 누각에 기대어 창문을 열고 보니, 바다 경치가 매우 웅장하였다.

양양부사 신대년(申大年)이 편지를 보내어 일행의 안부를 묻고, 쌀 서 말과 바다 생선 한 묶음[束]과 미역 두 다발[束]을 여행에 보태어 쓰라고 보내면서 아울러 남여를 멜 신흥사(新興寺:현 강원도

신흥사 극락보전

襄陽郡 雪嶽山에 있는 절)의 중들까지 보내 주었다. 밤에는 바람과 물결 소리들이 시끄러워서 편안하게 잠을 자지 못하였다.

초7일. 지나가는 나그네 스님 두 사람이 찾아 와서 인사를 하기에 보았더니, 바로 우리 산소를 보살피는 암자[墳庵]의 중이었다. 객지에서 서로 만나니, 놀랍고 기쁘기가 헤아릴 수 없었다. 절에 올라가 아침밥을 먹고, 무지개문을 지나 북쪽으로 향하여 나와서 강선대(降仙臺)를 지나 서쪽으로 꼬부라져 6km쯤 가 설악산 입구에 다다르니, 신흥사의 남여꾼 중들이 정돈하고 기다리다가 맞아 주었다. 남여에 올라 조금 들어가다가 남여에서 내려 소나무 그늘에서 앉아 쉬면서 권김성(權金城:지금의 외설악동 集仙峯에 있는 山城터)을 남쪽으로 바라다 보니, 돌봉우리들이 또렷한데, 흰 구름은 기이한 모양을 하면서 붉게 물 든 놀이 알록달록하게 비쳤다. 큰 폭포는 석벽 꼭대기에서 날아 떨어지 듯하여 잔 물결들과 흰 물결이 똑 바로 큰 골짜기로 쏟아져 내리니, 돌도 끊어지고 길도 잘라져서 사람이 갈 수가 없었다. 그 흐르는 물이 멈추는 곳을 볼 수가 없고, 다만 산허리 위로 높이 걸린 구름만 보였다.

다시 남여를 타고 앞으로 나아가니, 나무 그늘의 좁은 길에 시냇물 소리가 산을 감싸서 그윽하고 깊어서 더할 수 없이 깨끗한 정취는 들어가면 들어갈수록 더욱 새로와졌다. 2km쯤을 가서 절에 닿았다. 절의 전각들과 요사(寮舍)채들이 한 골짜기를 안고 연이어져 있어서 영동(嶺東)에서는 큰 절이었다. 별당으로 들어가니, 스님이 사기(寺記)를 보여 주는데, 의상스님이 처음 지은 절에 관한 일을 민지(閔漬)가 기록한 것이었다.

오후에 남여를 타고 북쪽으로 700-800m쯤 올라가니, 큰 돌로 된 천후산(天吼山)봉우리가 온 몸을 넓게 펼치고 있는데, 손에 드는 홀[圭] 같기도 하고, 허리띠에 꽂는 홀[笏] 같기도 하고, 칼 같기도 하고, 창 같기도 하고, 불똥이 튄 듯하기도 하며, 파도가 치솟는 듯도 하며, 종과 솥을 벌려 놓은 듯도 하며, 부용(芙蓉)이 새로이 피어나는 듯하기도 하여 그 기이한 모양의 웅장한 기세는 귀신이 교묘히 깎아서 만들어 낸 것 같았다. 하늘이 큰 비를 내릴 듯하면, 반드시 먼저 우는 까닭으로 "하늘이 운다[天吼]"고 이름하게 된 것이고, 또 "울산[鳴山]" 이라고도 부른다. 중앙의 맨 밑바닥에는 큰 움집 처마 같은 바위가 비스듬히 튀어 나와서 마치 큰 집을 얽어 놓은 듯한데, 달걀 모양으로 둥글게 생긴 돌이 삼면을 버티고 있어서 저절로 큰 굴이 이루어져 있으니, 이름하여 "계조굴(繼祖窟)"이라고 한다. 굴 안에는 3m가 넘는 네 개의 기둥을 세우고, 방을 만들어 바위 끝에 네 모진 서까래를 붙여 처마를 만들고, 붉고 푸른 빛으로 단청(丹靑)을 올려 신기한 무늬가 휘황히 빛났다. 그 앞에는 4-5m가 넘게 깎아 지른 듯한 절벽이 빙 둘러 에워 병풍처럼 세워 있어서 계조굴 전체를 가려 주고 있다. 문 밖에서는 아주 가까운 곳에서조차도 계조암이 있는지를 알 수가 없고, 다만 몇 점의 향불 연기가 푸르게 바위틈으로 새어 나올 뿐이었다. 문 밖에는 용암(龍巖)이 있고, 그 용암의 왼쪽에 식당석(食堂石)이 있고, 그 돌 위에는 움직이는 돌[動石]이 있는데, 한 사람이 그 돌을 흔드나 몇 천명이 움직이게 하나 더함이 없었다.

흔들바위(動石)

계조굴 왼쪽 석대(石臺) 위에 올라서 조용히 앉아 한참동안 천후산을 쳐다 보니, 늘어선 여러 봉우리들이 북쪽을 감싸 험준한 것이 마치 금방이라도 기우러져 남쪽 산을 짓누를 듯하고, 권김산성의 층진 돌들이 토해 내는 비룡폭(飛龍瀑)을 우러러 보면, 사랑해 달라고

비룡폭포

아양을 부리는 듯한 태도를 드러내고 있다. 동쪽으로는 달마석봉(達摩石峯)이 우뚝하게 솟아 있고, 그 달마봉 밖으로는 푸른 바다가 하늘과 닿아 있어서 온 산이 이름난 경치로는 첫째됨이 마땅하였다.

해가 저물 무렵하여 산을 내려와 내원암(內院庵)에 이르러 잠시 쉬다가 서쪽으로 2km를 올라가 극락암(極樂庵)에서 자니, 훌륭한 스님과 시를 지을 줄 아는 스님들이 많이 있어서 이야기를 나눌 만하였다.

  초8일. 신흥사의 남여꾼 중들이 와서 기다려 그들의 남여를 타고, 남쪽으로 비선대(飛仙臺)와 와선대(臥仙臺)를 들어갔는데, 물속에 기이한 돌들이 거듭 나와 층층으로 높이 솟아 폭포가 되기도 하고, 못이 되기도 하고, 언덕[臺]이 되기도 하고, 낚시터가 되기도 하고, 왼쪽에는 석벽이고, 오른쪽에는 벼랑이 묶어 세워 놓은 듯이 가팔랐고, 등나무 덩쿨과 칡 넝쿨이 얽혀 덮혀서 단풍나무와 소나무가 널리 깔려서 그늘이 드리워졌다. 물의 근원은 아득하고 까마득한 곳에 쑥다발처럼 무더기로 솟은 여러 산봉우리들이 산골 물속에 숨어 엎드려 있어서 어떤 봉우리는 산봉우리를 뾰족하게 들어내고 있기도 하고, 어떤 봉우리는 온 몸을 높이 우뚝 드러내기도 하고, 어떤 봉우리는 하나의 큰 돌이 근엄하여 전쟁터의 적진 앞에 서 있는 사나운 장수가 갑주(甲胄)와 주머니와 활과 화살을 넣는 기구인 동개를 갖추고, 손을 내리고 일어서 있는 듯하였다. 더할 수 없이 뛰어난 경치를 바라보며 이리저리 거닐며 왔다갔다 하면서 꽤 오래 있다가 극락암으로 돌아와서 남여꾼 중들을 불러 서쪽의 내산(內山)으로 넘어가는 길을 물으니, 모두가 말하기를,

    비선대에서 서쪽으로 마척령(馬脊嶺:지금의 설악산 국립공원에 있는 마등령-높이 1327m)을 넘어 올라가면, 비록 지름길이기는 하나 3만m는 될 듯싶은 돌봉우리들이 솟아 중간중간 길이 끊어졌으니 오직 극락암 서쪽의 완항령(緩項嶺)으로 가는 것이 매우 편합니다.

라고 하였다. 마침내 남여를 타고 서동(西洞)으로 한 나절을 들어

가니, 험한 길이 다하고, 나무숲이 있어 그 그늘길로 거의 6km쯤
을 가서야 산골 시냇가 물이 맑은 곳에 앉아서 남여꾼 중들과
같이 밥을 먹고 쉬었다. 여기서부터는 지팡이를 짚고, 올라가니,
뾰족뾰족한 바위 봉우리들이 대단히 희어서 풍악산의 전체 낯과
똑 같았다. 백담사(百潭寺:지금의 강원도 麟蹄郡 내설악동에 있는
옛날의 寒溪寺)의 남여를 메는 중들이 오지 않고, 길을 안내할
중 한 사람만이 앞길을 인도하여 내려오는데, 한 노승이 중로에
서 절하며 맞이하여 말하기를,

  어제 신흥사에 사사로운 일로 가 뵙기는 하였으나, 어른들[行
 次]과는 말씀을 나누지 않고 속으로 생각하기를, "아무 재를 넘
 으면, 마척령(馬脊嶺)에서 내려 오시겠구나"하였습니다. 그래서
 남여승들을 오세암(五歲庵:百潭寺에 딸린 암자)으로 보냈더니, 얼
 마 후에 들으니, 이쪽으로 내려 오신다기에 황급히 왔습니다.

라고 하였다. 고개를 내려와서 황룡담(黃龍潭)에 이르니, 해는 이
미 산 뒤로 숨어 버렸다. 북쪽으로 700-800m를 시내를 따라 가서
백담사롤 들어가 별당(別堂)에서 잤다.
 초9일. 동쪽의 오세암으로 들어가려 하는데, 절의 스님이 산외
(山外)의 여러 촌으로 급히 공문을 띄우고 조금 있으니, 남여꾼들
이 며칠 동안 먹을 양식을 가지고 일제히 와서 기다리고 있었다.
대체로 이 산도 역시 풍악산(楓嶽山)의 예를 따라 백성들에게 힘
드는 부역(賦役)이 없으므로 명령을 들으면, 즉시 달려 온다는 것
이다. 밥을 먹은 뒤에 처마와 문설주 사이에 제명(題名)을 하고,
시내를 건너 동쪽으로 가다가 황룡담을 지나 시내를 거슬러 올
라가 사미암(沙彌庵)에 이르니, 물과 돌이 아름답고 그윽하며 기

이하였다. 남여에서 내려서 왔다 갔다 하면서 놀다가 심원사(深源寺)의 옛 터를 지나 영시암(永矢庵)에 이르니, 설악산(雪嶽山)의 천봉 만학이 비로소 반쪽의 낯을 드러 내보이기 시작하였다. 다시 남여를 타고 동쪽으로 400m 남짓을 가서 옆으로 조그만 산골 물을 따라 들어가니, 길의 형세가 허공중에 매달려 있는 듯한데, 따라가는 걸음걸이는 꼬부라지는 굽이가 급하였지만, 흙은 두텁고 돌은 없었다. 하나의 작은 고개에 이르러 남쪽으로 오세암(五歲庵)을 내려다 보니, 거리가 한 화살을 쏘아 닿을 만하였고, 고개의 한 가닥은 서쪽으로 달려서 200여m쯤 되는 곳에서 불끈 솟아 만경대(萬景臺-높이 922m)가 되어 암자를 껴안고 남쪽을 향하여 뭉쳐 있었다. 만경대를 오르기 위하여 갓과 두루마기를 벗고, 서쪽으로 걸어 나와서 약 40-50m쯤을 지나 나무를 끌어잡기도 하고, 돌을 잡고 배밀이를 하기도 하고, 무릎으로 기기도 하다가 때때로 아래쪽 벼랑밑 골짜기를 엿보면, 마치 몸을 일으키기만 하면 아래로 떨어질 듯하였다. 조금씩 조금씩 있는 힘을 다하여 기어이 만경대 꼭대기에 오르고 나니, 환하게 탁 트인 경치가 편편하게 열려 있는 내산의 산봉우리들과 산골 시냇물과 골짜기들이 모두 발밑에 있는데, 몹시 험준하며, 삐쭉삐쭉 솟아서 가지런하지 않고 들쑥날쑥하여 기술이 뛰어난 착한 귀신들이 새기고 깎아내어 마치 구슬과 보배들을 진열하여 놓은 것 같은 것이 온 산의 수많은 봉우리들인 듯싶었다. 돌고 돌아 굽이마다 침침하고 으슥하여 멀어 보이는가 하면, 정제되어 엄숙하며 땅 속으로 얼어 붙어서 못된 나쁜 귀신들이 의지할 곳이 된 듯한 것이 온 산의 수많은 산골 시냇물과 골짜기들인 듯싶었다. 소나무, 편백나무, 단풍나무, 잣나무, 가래나무, 무궁화나무, 가죽나무, 상수리나무들이 빽빽하게 들어 서 있어서 하늘을 가리어 심히 춥기도 하고, 매우 뜨겁기도 한 기운이 때때로 살 속으로 스며들었다.
 만경대에서 내려와 오세암에 이르니, 옛날에 청한자(淸寒子 : 성명은 金時習, 자는 悅卿, 1435-1493, 생육신의 한 사람, 다른 호로 梅月堂, 東峯, 碧山, 贅世翁 등이 있음, 저술에 한문소설집 <金鰲新話>와 문집 <梅月堂集> 등이 있음)이 살던 곳이었다. 동쪽으로는 마척령(馬脊嶺)을 등에 지고, 북쪽으로는 만경대에 닿았고, 남쪽으로는 여러 산봉우리들을 끌어다가 빙 둘러 서쪽으로 돌려 세웠으니, 일 만 송이의 연꽃과 일 천 겹의 상서로운 구름에 사면으로 감싸 안겨 있는 듯

김시습(金時習)

한데 그 가운데가 열려서 얌전히 깊이 감춰진 곳이 되어 청한자가 이 암자를 몹시 좋아한 이유가 되었다. 대웅전 옆방으로 들어가서 두 폭의 청한자(淸寒子)의 영정(影幀)을 구경하였는데, 하나는 거사(居士)였을 때의 모습이고, 하나는 스님일 때의 모습이었다. 신령스러워 보이는 풍채와 깨끗한 기운은 얼굴과 외모에서 떠올라 마치 깊은 산속에 마주 앉아서 지난 날의 속세의 일을 문답하는 듯하였다.
 오세암(五歲庵)의 앞은 넓게 흙마당을 만들고, 마당가에는 평평한 큰 돌을 깔아 놓았다. 깊은 시냇물을 들여다 보면서 돌 위에 앉아서 운(韻)을 내어 마음 속에 깊이 사무치는 회포를 부쳐 시

산명곡응(山鳴谷應)의 가야동 계곡.

를 짓다가 해가 져 어두워진 뒤에 암자에 들어가니, 어떤 스님이 솔잎을 먹고 물을 마시어 생식하며 외로운 암자를 혼자 지키고 있었다. 밤이 깊어서 그 스님을 청하여 같이 앉아서 산 속의 옛 일에 관하여 물어 보았더니, 스님이 대답하기를,

관동의 여러 산중에서 이 산이 가장 깊어서 8월이면 첫눈이 내리기 시작하고, 3월이 되어야 비로소 녹으므로 그 까닭으로 눈설[雪]자로 이름하게 되었고, 어떤 때에 눈이 많이 왔을 경우에는 시냇물과 골짜기 사이가 꼭 막혀서 겨울을 지나고 봄을 보내야 하는데, 봉정암(鳳頂庵:1244m의 높은 곳에 있는 신라 때 자장율사 창건의 절)의 중들은 자주 굶어서 앉은 채로 빳빳이 말라 죽기도 합니다.

라고 말하였다.

초10일. 남쪽으로 향하여 봉정암으로 가려고 겨우 4km쯤을 오다가 서쪽으로 꺾어져 가야동(伽倻洞)에 이르니, 침침하고 으슥하여 해와 달과 별빛의 세 가지 빛조차도 비칠 수가 없어서 마치 땅속 깊은 곳에 빠진 듯한데, 흰돌이 한 골짜기를 가로 질러 걸쳐 펼쳐져 있어서 약 30㎡가 넘는 듯하였다. 물은 빨리 흘러서 굽이가 지고 꺾어져서 기이하게 되어 있는데, 마침 5-6명의 유산

내설악의 궁벽한 산속에 자리잡은 오세암

객들이 봉정암에서 오고 있었다. 서로의 안부를 묻고, 산행(山行)의 어려움을 위로하고, 앞길의 큰 고개를 쳐다 보니, 머리 위를 덮쳐 오는 듯하여 남여를 타기도 하고, 걷기도 하면서 무서워 숨을 죽이며 올라갔다. 큰 바위가 길 앞에 막아 서 있는데, 30여m는 되었다. 바위의 결이 모두 조각조각 갈라져서 반듯반듯 가지런하게 다듬어진 것이 마치 여러 만 권의 책들을 차곡차곡 쌓아 놓은 듯하여 이른바 "경책바위[經冊巖]"라고 할 만하였다. 마침내 절정에 올라가니, 봉정암이 가까이 있는데, 40-50m 쯤 되는 곳에 칠성바위[七星石]가 좌우로 흩어져 서 있어서 마치 여러 부처님들이 서 있는 것과 흡사하였다. 외산(外山)에 서 있는 천후봉(天吼峯)이 신흥사(新興寺)가 있는 골안에 반쪽 얼굴을 쑥 내밀어 들어나 있다. 서쪽 등줄기에서 조금 아래인 20m 남짓쯤 되는 곳의 돌 위에 쌍탑이 있었다. 그 만들어진 모양이 정교(精巧)하였다. 탑 왼쪽으로 40-50m쯤 되는 곳에서 암자에 이르니, 국사봉(國師峯)은 동쪽에 있고, 청봉(靑峯)은 남쪽에 있고, 칠성석(七星石)은 북쪽에 있어서 여러 산봉우리들이 가리개처럼 벌려 있어서 바로 코앞으로 다가 오는 것만 같았다. 사람들이 사는 세상을 내려가서 보면, 아득하게 멀어 보일 것이다. 이는 여기가 천하에서 가장 높으며, 가장 깊은 곳이어서 몇 년을 지나도 찾아오는 사람의 발자취가 거의 없었다. 드디어 운(韻)을 정하여 각각 시를 지었다.

구름이 깊어 해빛조차 안보이니 [雲枕稀見日]
봄이 다 가도록 사람 구경 못하겠네 [春盡少逢人]

라는 구로 두 번째 연을 삼고, 나는 뜻이 막혀 속으로 끙끙거리며 읊조리고 있을 때에 갑짜기 2-3마리의 날다람쥐들이 돌 위에 뛰어 와서 햇볕을 쬐면서 솔씨를 먹는 것이 보였다. 나는 곧

다람쥐가 먹는 솔씨 나도 같이 먹으니 [松米同貂食]
바위움 사립문은 사슴의 이웃일세 [巖扉與鹿隣]

라는 구로 셋째 연을 삼아서 시짓기를 마치고, 바위 움집 끝에 이름을 새겨 놓았다. 암자의 뒷마루에 이도보(李道甫)가 쓴 액필(額筆)과 박사해(朴師海:자는 仲涵, 1711- ?, 호는 蒼巖, 벼슬은 大司諫을 지냄)의 시판(詩板)이 있었다.

밥을 먹은 뒤에 시냇물을 따라서 서쪽으로 4km 쯤 내려와서 수렴 쌍폭(水簾雙瀑)에 이르니, 한 폭포는 봉정봉(鳳頂峯)에서 동쪽 석벽으로 떨어지는 것인데, 높이가 거의 30여m나 되었고, 다른 하나의 폭포는 남쪽 산골 시냇물이 여러 층의 바위 벼랑과 여러 마디의 산굽이를 자잘한 물결들이 빨리 남쪽 벼랑으로 떨어져서 마치 하늘에서 내려오는 듯하였다. 높이는 몇 백장(百丈)이 되는지 알 수 없었다. 양쪽 석벽에 나뉘어 걸려서 한 개의 못에 거꾸로 쏟아져서 세력을 병합하여 뒤섞여 깊고 넓어지게 되어 우리 나라에서는 이름난 폭포가 되었는데, 어찌하여 이제까지

이처럼 기이한 경치를 알지 못하였던가? 못가 돌둔덕[石墩] 위에 앉아서 싫도록 즐기며 놀았다.

 지팡이를 짚고 서쪽으로 2km 쯤을 내려오니, 산이 거의 다하고, 흘러 내리는 물은 평지를 흐르기 시작하여 양편 산골짜기는 하늘에 다아 있었다. 묶어 세운 듯한 바위 봉우리들이 돌로 만든 가리개처럼 다함이 없이 들락날락하여 붉은 비탈과 푸른 석벽이 일정하지 않게 숨박꼭질하며, 삼나무와 소나무들이 뾰죽뾰죽하게 솟아서 하늘에는 해가 빛을 내지 않는 듯하고, 시내의 돌들은 우뚝 솟아 험하게 뒤섞여 어떤 것은 편편하기도 하고, 어떤 것은 기우뚱하기도 하고, 어떤 것은 높고, 어떤 것은 낮고, 어떤 것은 희고, 어떤 것은 푸르고, 어떤 것은 누렇고, 어떤 것은 검기도 하였다. 때로는 깊은 물이 빨리 흐르는 여울[湍]이 되기도 하고, 때로는 폭포가 되기도 하고, 때로는 얕은 물이 빠르게 모래와 돌 위로 흐르는 여울[瀨]이 되기도 하여 걸음을 옮길 때마다 새로운 경치이고, 굽이마다 기이한 경치였다. 끝까지 다 볼 수도 없고, 길도 험하여 맨발로 물을 건느기도 하면서 변화에 따라가니, 등나무 덩쿨들이 얽혀 길이 막히기도 하고, 이끼가 반드르르하게 끼여 미끄럽기도 하여 자주 땅에 넘어지기도 하였다. 자주자주 앉아 쉬며 8km쯤 오니, 하늘이 조금 보이기 시작하고, 길도 또한 조금 편편해져서 비로소 사람들이 사는 세상으로 나온 듯하였다. 머리를 돌려 오던 길을 돌이켜 보니, 구름과 바람결 속에 아득하기만 하였다. 세상 사람들이 말하기를,

> 이 산이 차지하고 있는 땅은 웅대하기가 풍악산(楓嶽山)만 못하고, 깊고 아득하고, 멀며 험절하기는 풍악산보다 더하다.

고 하였다. 이제 12km의 긴 골짜기를 빠져 나오니, 작은 시냇물들 여럿이 서로 깊은 숲과 큰 나무들을 앞뒤로 에워 막아서 그늘이 들고, 찬 기운이 모골(毛骨)을 찔렀다. 포개진 푸른 빛깔이 옷들을 적셔 주었다. 술을 마시어 취중에 아득히 여행하는 것이 풍악산의 백탑(白塔)과 구룡연(九龍淵)보다 더 나았고, 물과 돌들이 끊이지 않고 이어진 한 골안의 기이함과 웅장함은 너무도 볼거리가 많아 한 발자국도 허송할 것이 없으니, 만폭동(萬瀑洞)이 아니면, 상대할 만한 곳이 없을 정도였다. 남여를 타고 200-300m쯤 내려와 영시암(永矢庵)에서 잤다.

11일. 남쪽의 한계폭포(寒溪瀑布)를 구경할 생각으로 북쪽을 향하여 심원사(深源寺)의 옛 터에 이르러 시냇물을 가로 건너 남쪽으로 저취령(猪嘴嶺)을 바라보면서 가노라니, 길이 험하여 위태롭기가 완항(緩項)보다 훨씬 더 심하였다. 고개의 절반 이상은 지팡이를 짚고서야 겨우 올라갔고, 고개의 절반 밑에는 남여를 타고서 갔다. 고갯등에 오르니, 여기서부터 한계산(寒溪山)이었으나 보통 설악산으로 통하였다.

산 밖의 남여꾼들이 와서 기다리고 있어서 산내의 남여꾼들은 이별을 고하는데, 며칠 동안 같이 고생하며 지낸 까닭으로 저절로 헤어지기 섭섭한 정을 느껴 나를 메고 다녔던 남여꾼들은 각각 삼[麻]대를 조각하여 만든 지팡이를 바치니, 인정에 길이길이 기억할 만하였다.

산을 내려오면서 상승암(上乘庵)과 하승암(下乘庵)의 옛 터를 지나 시냇물가 돌에 앉아 점심을 먹고 쉬다가 다시 남여를 타고 내려 왔다. 400여m 쯤을 왔을 때에 폭포가 어디 있는지 알지 못

하겠는데, 남여꾼들이

　　　길이 위험하니, 남여에서 내리시죠.

하기에 내려서 조금 떨어져 있는 앞을 굽어 살펴보니, 내 몸은 3만m는 되게 높은 바위 절벽 위에 있는데, 폭포는 바로 여기에 있었다. 조금씩 걸어서 200m 쯤 내려오니, 조그만 언덕이 동쪽에서 나와 서쪽으로 들어가며 절벽을 안아 대(臺)를 만들어서 북쪽으로 폭포를 마주 보게 되어 있는데, 우경모(禹景謨)와 최홍진(崔鴻晉)은 벌써 넋을 잃고 앉아 있었다. 동서쪽의 쇠로 된 절벽은 도끼로 쪼아 놓은 듯 우뚝하고도 곧게 솟아 그 사이로 신선들이나 살 듯한 큰 골짜기가 열렸는데, 한 가닥은 허공을 나는 듯한 폭포가 구름 끝에서 꺼꾸로 쏟아져 아득한 하늘 한 가운데서 내려오는 듯하여 마치 300m는 될 듯한 흰 천을 빨아서 늘어뜨려 그 첫끝이 내려 오고 있는 듯하였다. 은빛 물결과 눈 같은 물방울들은 잔 물결이 되어 급히 흘러서 빨리 달려 나가는 것 같은 기세가 있었다. 시냇물 밑바닥에 떨어지게 되면, 힘이 다하고 기운이 흩어져서 방아 찧는 소리나 물을 뿜어내는 듯한 소리는 하나도 없었다. 때마침 산바람이 불어서 흰 물결 한 중간을 가로질러 불어가니, 물줄기가 잘라지면서 물이 안개비처럼 흩어져 엷은 연기와 안개가 되었다. 바람이 그치니, 물줄기는 곧게 쏟아져 내려 전과 같아지기를 거듭하였다. 아주 짧은 사이에 기이하게 변하는 이 모양을 무어라고 이름하여 형용할 수가 없었다. 옛날 중국 사람이 이 폭포를 보고 저희 나라에 돌아가서 왕엄주(王弇州:이름은 世貞, 明나라 文臣)에게 으쓱거려 자랑하니, 왕엄주가

듣고 "한계폭기(寒溪瀑記)"를 지었는데,

> 그 구경한 사람이 사물을 표현하여 말하는 것이 너무도 비슷하여 직접 눈으로 보지 않고도 흡사하게 그려낼 수 있었다.

고 말하더라는 것이다. 내가 일찌기 옛 사람들이 기록하여 놓은 것을 보고, 이 폭포가 우리 나라에서는 제일이라는 것을 알고 오늘 여러 벗들을 억지로 이끌고 험한 재를 넘어올 때까지만 하여도 여러 벗들이 모두 믿지 아니하더니, 비로소 보고는 몹시 들레면서 기이하다고 혀를 차며 칭찬하여 말하기를,

> 높기는 구룡폭포보다 배는 되며, 기이하기는 박연폭포보다도 나으니, 만약 이 폭포를 보지 못하였다면, 거의 허행하고 돌아갈 뻔하였다.

고 하면서 우리 나라에서 제일 가는 폭포라는 것을 인정하였다. 이번 여행에서 나는 처음에 여러 벗들이 사양하는 것을,

> 세상일들로 찌든 가슴을 후련히 씻어서 막힌 것이 없게 하여 봅시다.

라고 하였었다. 해가 기울 무렵쯤 하여 대에서 내려와 한계사(寒溪寺)의 옛 터에 이르니, 오색령(五色嶺:지금의 설악산 국립공원에 있는 오색온천의 뒷 고개)의 큰 길이 여기서 합쳐졌다. 비로소 남여를 타고 서쪽으로 내려가 옥류동(玉流洞)에 이르러 돌 위에 올라 앉아 잠시 쉬고, 또 남여를 타고 한계 마을에 다달으니,

종놈이 원통점(圓通店:현 강원도 인제군에 딸린 지명)에서 말을 끌고 와 청동천(靑銅遷)을 지나 원통점에서 잤다.

12일. 길을 떠나서 시내를 끼고 남쪽으로 내려와 배를 타고 회연(回淵)을 건넜다. 회연의 물 근원은 유점사(楡岾寺) 남쪽 기슭에서 시작하여 80-90km를 선돌아 여기에 이르러서 설악산의 큰 물과 합하여진 것이다. 한 굽이를 꼬부라지니, 합강정(合江亭)에 이르게 되고, 오대산의 북쪽 골안의 물이 북쪽으로 40km 남짓을 흘러 이 합강정 앞에 이르러 설악산의 물과 합하여지기 때문에 정자의 이름을 그렇게 부르게 된 것이다. 높은 산언덕에 의지하여 맑은 강물을 굽어 보니, 흰 모래밭에는 햇빛이 정자의 난간을 길게 비쳐 그림자가 드리워져 있고, 사방의 산들은 어지럽게 흩어져 있는 울창한 솔밭을 감싸 안고 있는 그 그늘들도 또한 뛰어난 경치였다. 여기서 인제현(麟蹄縣)은 두어 활터가 못되는 거리에 있었다. 그래서 인제현감 신광하(申光河)가 마침 서관(西關: 옛 黃海道와 平安道일대)지방 여행 중이라서 그의 아들 신보상(申甫相) 기명(幾明)이 관아에 있다는 소식을 듣고, 마침내 필연(筆硯)을 열어서 기명에게 편지를 쓰기를,

　　관동에 네 사람의 신선들이 다시 왔으니, 지암(遲庵) 이성재(李聖哉:이름은 東沆, 1736-1804, 이 기행록의 저자)과 사남(沙南) 목경집(睦景執:이름은 允中)과 백담(白潭) 우사앙(禹士仰:이름은 景謨)과 백고(栢高) 최석장(崔碩章:이름은 鴻晉)이다. 풍악산의 1만 2천봉을 두루 답파하고, 북쪽으로 시중대(侍中臺)와 총석정(叢石亭)을 올라 보았고, 남쪽으로는 삼일포(三日浦)와 해금강(海金剛)과 선유담(仙遊潭)과 청초호(靑草湖)를 올랐으며, 낙산사(洛山寺)에서 두 밤을 자고, 서쪽으로 설악산(雪嶽山)과 한계산(寒溪

山)을 돌며 산과 물의 아름다운 경치를 구경하고, 표연히 자연의 가르침을 듣기 위하여 합강정(合江亭)에 모였다가 급히 산을 나가야만 하게 되었으므로 슬퍼서 앉아 있으니, 혹 자네가 관아의 정교(政敎)가 허락된다면 술을 가지고 오라.

고 하였다. 얼마 안되어 기명이 땀을 흘리며 바쁜 걸음으로 씩씩거리며 와서 서로 손을 잡고 이야기를 나누노라니, 4-5명의 어린 기생들이 술병과 안주상을 차려 가지고 왔다. 기녀들을 시켜 차례로 노래 부르게 하며 다정히 앉아서 한 나절을 보내고, 오후에 관아 동헌(東軒)으로 내려갔다. 저녁을 먹은 뒤에 달빛이 밝고, 맑은 강물 소리가 마음을 흔들어 기녀들을 이끌고 강가에 나가 앉아서 피리를 불리우며, 노래도 부르게 하였더니, 관동곡(關東曲:鄭松江의 關東別曲을 이르는지, 安謹齋의 關東別曲을 이르는지를 알 수 없으나, 아마도 安軸의 景幾何如歌休인 듯하다) 두어 수를 부르는 동안 우리들은 시를 각각 한 수씩 짓고 밤이 되어 관아로 돌아와 잤다.

13일. 인제(麟蹄)에서 머물렀다. 밥을 먹은 뒤에 기명(幾明)과 우리들은 관아 뒤쪽 높은 흙언덕에 올라갔다가 한낮이 되어 내려왔다.

14일. 기명(幾明)이 4꾸러미의 엽전과 2말의 쌀과 콩, 2근의 담배을 여행하며 쓰라고 주었다. 밥을 먹은 뒤에 길을 떠나려 할 때에 기명이 중로에까지 나와서 전별을 하겠다고 하여 남쪽으로 2km쯤 내려와 간의재[諫議峴]에 다달아서 소나무 그늘에 늘어 앉아 이별하는 시를 지어서 주고 받으며, 이별의 정을 표하고 길을 떠나 병목나루[瓶項津]를 건너 남쪽으로 8km 쯤을 와서 강 위의 외로운 가게에서 말에 먹이를 먹이고, 백천(白遷)과 만의역사(萬義驛舍)를 지나 남쪽으로 홍천(洪川:현 강원도에 딸린 지명)의 큰 길을 달려서 서쪽으로 가화리고개[加禾里峴]를 넘으니, 나무들이 빽빽하고, 길이 좁아졌다. 다시 산 속의 신선들이 사는 마을을 지나 고개 밑의 물골점[水谷店]에서 잤다.

 15일. 대곡령(大谷嶺)을 넘으니, 돌들이 많아 길이 험하여 매 걸음마다 쉬면서 걸어서 강가에 이르니, 강은 병목나루[瓶項津]에서 백천(白遷)을 끼고 남쪽으로 흘러서 만의역(萬義驛)에 다달아서 북으로 꺾여 4km쯤 흐르다가 또 남으로 흘러 온 것이다. 강을 건느니 양구(楊口:현 강원도에 딸린 지명)로 가는 큰 길과 만나게 되었다. 강가 외딴 가게에서 말에 먹이를 먹이고, 강을 끼고 서쪽으로 가다가 부창역(富昌驛)을 지나 청평동구(淸平洞口:지금의 강원도 春城郡北山面에 있는 淸平寺入口)에 이르러 북쪽으로 기이한 산봉우리를 엿보니, 겹겹이 가리개처럼 늘어선 산뿌다귀들이 험준해 보였다. 우리들은 큰 길을 버리고 춘천(春川)으로 들어갈 요량으로 청평사(淸平寺)를 지나 구송단(九松壇:현 淸平寺入口에 옛 흔적이 있다)에 올라 쌍폭포(雙瀑布:현 九松瀑布를 이름)를 굽어 보고, 서천(西川)의 식암(息庵:현 淸平寺 뒤에 있는 寂滅寶宮)으로 올라가 이자현(李資玄:고려시대 隱者, 자는 眞精, 1061- 1125, 호는 息庵, 淸平居士, 希夷, 벼슬은 大樂署丞을 지냄, 20세에 벼슬을 버리고 이 산에 은거하며 楞嚴經을 연구하였음)이 살던 자취와 청한자(淸寒子:金時習, 지금의 淸平寺入口에 있는 淸平樓에서 金時習은 詩를 지으며 일시 生活하였음)의 필적을 더듬어 보려 하였는데, 때마침 절 안에 전염병이 돌고 있다는 소문을 듣고, 절 입구에서 그냥 지나치기로 하니, 한스럽고도 그리운 마음이 견디기 어려웠다.

기락천(祈樂遷)을 지나 샘밭마을[泉田村]에 이르니, 많은 산들이 환하게 열리면서 넓은 들판 한 가운데로 한 줄기의 강물이 휘감고 돌아 경치가 밝고 시원하여 알지 못하는 사이에 가슴 속이 후련하게 씻겨지는 듯하였다. 큰 부락이 북쪽을 등지고 남향하여 소나무 숲 속으로 어릿어릿 보였다. 지퇴당(知退堂:성명은 李廷馨, 자는 德薰, 1549-1607, 다른 호로 東閣이 있음, 벼슬은 三陟府使를 지냄, 저서에 <東閣雜記>. <知退堂集>등이 있음) 이공(李公)이 머물러 살던 곳인데, 그의 자손들이 대대로 지켜 살고 있다. 이생(李生, 이름은 櫟, 원주)의 집에서 잤다.

16일. 밥을 먹은 뒤에 지퇴당의 주인인 이목(李棨)을 찾아 갔다. 이 사람은 귀신 같은 재주로 이름이 세상에 널리 알려졌으나, 그 성취는 이름과 같지 아니하였다. 그 부락의 모든 이씨(李氏)들은 말타기와 활쏘기를 힘썼다. 주인이 간곡히 만류하는 바람에 오후에 겨우 길을 떠나 서쪽으로 와서 우두촌(牛頭村)에 이르니, 청화공(靑華公:성명은 李重煥, 자는 輝祖, 1690-?, 다른 호로 淸潭이 있음, 벼슬은 兵曹佐郎을 지냄)의 <팔역지(八域志:일명 擇里志)>중에서 제일 이름난 마을이었다. 동서로 트여 큰 들판이 되었는데, 기름진 밭과 잘 정돈된 농지들은 눈으로는 다 볼 수 없이 넓었고, 앞에는 하늘의 은하수에 대어 놓은 듯한 많은 배들은 물고기와 소금과 다른 물건들을 싣고 이문을 따라 옮기느라 무리로 모여 든 까닭으로 백성들의 집들도 빗살처럼 총총하여 밥을 짓는 연기와 등불들이 이어져 있었다. 남쪽을 향하여 가다가 강을 건너 소양정(昭陽亭)에 오르니, 남쪽으로는 봉의산(鳳儀山:현 강원도 춘천시의 鎭山-높이 301m)을 등지고, 북쪽으로는 쇠머리 마을의 넓은 들판으로 통하며, 서쪽으로는 낭천(狼川)의 모진(毛津)에 닿았고, 앞에는 큰 강물이 있어서 관서(關西:大關嶺의 서쪽이라는 뜻)지방에서는 이름난 정자가 되었다. 잠시 쉬면서 사방을 둘러 보며 구경하고, 춘천읍(春川邑)에서 잤다.

17일. 일찍 일어나서 문소각(聞韶閣)에 오르니, 아득히 멀어서 또렷하지 않은 많은 산들이 맑은 강물에 비치고, 멀고 가까운 곳에 황폐한 마을들이 새벽 연기에 아득하게 보였다.

길을 떠나서 서쪽으로 나와서 신연나루[新淵津]를 건너니, 풍악산 만폭동의 물이 남으로 흘러 보리진(菩提津)에서 금성천(金城川)을 만나 낭천(狼川)의 모진(毛津)이 되고, 여기에 이르러 소양강(昭陽江)과 합쳐져 양근(楊根:현 경기도 楊平邑)의 용진(龍津:현 楊平郡 楊西面 龍潭里)이 되었다.

서쪽으로 향하여 산골로 들어가서 아침밥을 산점에서 먹고, 석파령(石坡嶺)을 오르니, 고개의 산세가 더할 수 없이 높아서 북쪽으로는 화악(華岳:서울의 鎭山인 三角山의 다른 이름, 太華山이라고도 함-높이 836m)을 쳐다 보게 되고, 남쪽으로는 용문(龍門:현 경기도 楊平郡에 딸린 지명)을 임하였으며, 동쪽으로는 춘천을 내려다 보니, 풍악산의 동쪽 줄기가 따로 한 가닥이 되어 양구(楊口)의 저산(猪山)이 되었고, 춘천의 청평산(淸平山)이 소양강을 만나서 멈추게 되었으니, 이곳이 우리 나라 전국에서 제일 짧은 산맥이기는 하나, 어지러운 산이 몇겹으로 겹쳐진 가운데에 100여km의 평야가 크게 열려 왼쪽으로는 소양강을 끼고, 오른쪽으로는 모진(毛津)을 안아 서남 지방의 물화(物貨)를 실은 많은 배들이 서로 오가는데 토질이 기름지고 두터우며, 백성들의 풍속도 순박하였다.

춘천읍 중심가를 지나게 되니, 수많은 산과 산골 시냇물들이 또 굽이굽이 겹겹으로 감아 돌아 저절로 쇠로 만든 항아리처럼 단단한 관성(關城)이 되어 외국의 도둑들이 들어올 수 없으므로 서울의 많은 사대부(士大夫)들이 집과 전장(田庄)을 마련하여 두고, 자주 머물러 살아서 인하여 이 고장이 문물과 함께 유명하여져서 서울 근처에서는 이름 난 지방이 되었다.

고개를 넘어 서쪽으로 향하여 계속 이어지는 깊은 산골짜기를 빠져 나오니, 안보역(安保驛:지금의 春城郡에 딸린 지명)에 다달았다. 여기서 또 왼편으로는 큰 강을 끼고 가서 초연대(超然臺)를 지나 가평현(加平縣:지금의 경기도 加平邑)으로 들어가니, 현감 성언림(成彦霖)이 사람을 시켜 안부를 물어 주었다. 또 지원(趾源) 장사준(張士濬)을 만나서 손을 잡고 이야기를 나눌 때에 관가에서 저녁밥을 차려 보내 주어 먹고 나니, 현감이 장사준과 같이 와서 다정히 이야기를 나누었다.

18일. 밥을 먹은 뒤에 현감을 찾아가 만나 같이 객관에 올라 작별 인사를 나누고 길을 떠나 남쪽으로 내려와 굴운역(屈雲驛)을 지나 남파점(南坡店)에서 말에 먹이를 먹이니, 북한강 중에서는 이름 난 마을이었다. 작은 시냇물을 건너 남쪽으로 4km 쯤을 와 서쪽으로 길을 바꿔 작은 고개를 넘어 황사골[黃沙谷] 이정언(李正言) 종영(宗榮:자는 仁吉, 1723- ?, 大司憲을 지냄)의 집에서 잤다.

19일. 오후에 길을 떠나 작은 고개를 넘어 천괘산(天掛山)을 안고 동쪽으로 향하여 녹동(鹿洞)의 김철경(金哲慶)의 집에 들어갔는데, 최홍진(崔鴻晉)에게 억지로 이끌려 갔었다. 밤에는 맹환(孟煥) 유순옥(兪舜玉)의 사촌 아우의 집에서 잤다. 감사(監司) 허지

(許墀)의 후손이 이웃에 산다며 찾아 왔었다.

　20일. 길을 떠나 능원공자(綾原公子:仁祖의 아우, 이름은 佋:1592-1656, 호는 湛恩堂, 시호는 貞孝)의 묘가 있는 마을 뒷산에 올라가 비문을 살펴 읽어 보고 남쪽으로 1km 쯤 내려오다가 마치령(磨峙嶺)을 넘어 판운점(板運店)을 지나는데, 길가 위 아래 논에서 모내기를 한참 하는 중이었다. 사릉(思陵:端宗妃 定順王后 礪山宋氏의 능, 지금의 경기도 미금시에 있음.)의 앞마을에 이르러 우가(禹哥)성을 가진 사람의 집에 들어가니, 우경모(禹景謨)의 사촌 형이 사릉을 직히는 벼슬을 하고 있었다. 여러 해 동안 서원(書員)의 일을 맡아 왔었다는데, 우경모에게는 친절하였다. 해가 한낮이 되기 전에 그의 만류에 어쩌지 못하고 일행들이 잡혀서 머물러 잤다.

　21일. 일찍 밥을 먹고, 길을 떠나 서쪽을 향하여 나와 1km 쯤 오니, 서울의 산들이 사방으로 활짝 열려 풍악산으로 드나드는 길 사이로 도봉산(道峯山:현 서울시내 道峯區에 있는 산, 높이 739m)의 여러 산봉우리들이 눈에 몹씨 높아만 보이고 수락산(水落山:현 서울특별시와 경기도 南楊州郡 경계에 있는 산, 높이 638m)의 여러 바위들은 자잘하여 눈을 떠서 살펴볼 만한 것도 못되나 인왕산(仁王山:현 서울특별시 鍾路區 青瓦臺 뒷산-높이 338m) 한 줄기에서부터 남산(南山:현 서울특별시 中區에 있는 산-높이 265m)의 전모[全面]가 구름과 연기와 초목 사이로 옛 모양대로 보여서 마치 고향 산천 같아 오랫동안 나그네로 있다가 내 집에 온 것 같이 느껴졌다. 세 벗들과 더불어 운(韻)을 정하여 연구(聯句)를 짓고, 왕숙천(王宿川)을 건너 망우고개[忘憂嶺:지금의 서울특별시 중랑구 망우리 고개]을 넘어 살꽂이들[箭郊:지금의 서울 城東區 한양대학교 앞 中浪川가의 들판]을 지나 길가 가게에 앉아 종놈을 시켜 곧바로 성균관[泮中]으로 들어가 조카 경운(景運)에게 배오개[梨峴:현 서울특별시 鍾路6街]에서 기다리게 하고, 병문(瓶門)에서 말에 먹이를 먹이고, 길을 떠나 홍화문(興化門:옛 慶熙宮 正門으로 지금의 서울특별시 종로구 新門路 救世軍本營 건물 자리에 있었음, 지금의 東大門인 興仁門의 잘못인 듯함)으로 들어가니, 경운이 과연 배오개에서 기다리고 있었다. 길에서 집안이 편안하다는 소식을 듣고, 곧장 남성(南城:南漢山城의 준말)에 있는 우경모(禹景謨)의 집으로 나갔다.

풍악총론(楓嶽總論)

<화엄경(華嚴經)>에 이르기를,

바다 가운데에 기달산(怾怛山)과 금강산(金剛山) 등 여러 산이 있는데, 수많은[億萬] 담무갈보살들(曇無竭菩薩:衆香城의 주인이 되어 항상 반야바라밀다경을 설법하여 上帝가 와서 듣는다고 함)이 그 권속을 거느리고 있다.

운운하였으니, 대개 석가(釋迦:釋迦牟尼의 준말, 불교의 교조, B.C. 623-B.C. 544)가 현세에 있은 것은 중국 삼대(三代) 때의 주(周)나라 소왕(昭王)의 때였었다. 중국과 멀리 떨어져 있어서 어음(語音)이 서로 통하지 않는데, 어찌 중국과 수 만리 밖을 뛰어넘어 바다 가운데 있는 금강산을 알 수가 있었겠는가? 이것은 대체로 위(魏:220-264)나라와 진(晉:265-301)나라와 제(齊:479- 501)나라와 양(梁:502-557)나라의 선비들이 도징(圖澄:인디아인, 神異가 많은 것으로 유명함)과 구마라습(鳩摩羅什:인디아인, 符堅의 포로로 끌려 중국에 와서 13년간 각종 불경 35부 300여권을 번역함, 343-413)과 반랄밀(般刺密:般刺密帝, 인디아인, 705년에 唐나라 廣州의 制旨道場에서 首楞嚴經 10권을 번역함)등과 더불어 불교의 책들을 번역하여 내면서 이 이야기를 끼워 넣어서 그 이야기를 기이하게 하였을 뿐이다.

  내가 일찌기 여강옹(驪江翁)이 지은 <동유록(東遊錄)>을 보았는데, 여강옹이 유점사(楡岾寺)의 스님 천오(天悟)와 금강산의 앞뒤 지세를 논한 것이 있었다. 천오스님이 말하기를,

> 이 산은 원래 장백산(長白山)에서 일어나 황룡산(黃龍山)에서 웅크려 엎드렸다가 추지령(楸池嶺)에서 다시 불끈 뛰어 올라 내려오다가 이곳에 와서 서려 뭉쳤다가 동쪽을 향하여 달려 나가서는 천후산(天吼山:지금의 雪嶽山에 있는 울산바위를 이름)과 설악산(雪嶽山:현 강원도 고성군과 속초시와 양양군의 경계에 있는 산, 높이 1707m)과 오대산(五臺山:현 강원도 명주군과 평창군 경계에 있는 산, 높이 1563m)이 되고, 남으로는 대백산(大白山:太伯山:강원도 동해시와 삼척시 경계에 있는 산·높이 1567m)과 소백산(小白山:경북 영주시와 충북 안양군 경계에 있는 산, 높이 1421m)이 되고, 두류산(頭流山:일명 方丈山, 智異山:전라남북도와 경상남도 경계에 있는 三神山의 하나, 높이 1915m)에서 끝났다. 그래서 내산(內山)은 등줄기가 되고, 외산(外山)은 낯이 된다.

라고 하였었다. 내 생각으로는 그렇지 않다. 많은 감여가(堪輿家:地術家)들이 산을 논하는 것을 보면, 매양 주된 산악이 등을 향하여 면이 되니, 북쪽[玄武]을 등지고 머리를 숙이면, 오른쪽은 호랑이가 감싸게 되고, 왼쪽은 용이 에우게 되는데, 그 가운데 한 자리의 땅을 열어 속이 되는 곳을 낯을 삼는다. 현무로부터 용호의 뒤를 모두 등이라고 일컬으니, 그 모양은 참으로 그러하고, 그 이치도 마땅하다. 이 산은 비로봉(毗盧峯:금강산의 主峯-높이 1638m)이 제일 높은 봉우리가 되어 서남쪽을 향하여 높이 솟아 올라서 서쪽으로 벋어 나간 한 가지가 수정봉(水晶峯)과 웅호

봉(熊虎峯)과 개심봉(開心峯)과 방광대(放光臺)가 되고, 남쪽으로 돌아서 배재(拜岾)와 장안사(長安寺) 뒷봉우리가 되고, 동쪽으로 나온 한 가닥은 차일봉(遮日峯:높이 1528m)과 백마봉(白馬峯)과 외수재(外水岾)가 되고, 서쪽으로 돌아서 시왕봉(十王峯:높이 1141m)과 상관음봉(上觀音峯)과 중관음봉(中觀音峯:높이 892m)과 하관음봉(下觀音峯:높이 458m)과 장경봉(長慶峯)과 장안후봉(長安後峯)이 되어 이들이 합하여 하나의 산과 문호(門戶)가 되어 신선들이나 살 만큼 아름다운 경치의 골짜기에 만폭(萬瀑), 원통(圓通), 백천(百川), 백탑(百塔), 백운(白雲), 송라(松蘿), 안문(雁門), 원적동(圓寂洞) 등 수많은 골짜기와 산봉우리들이 모두 비로봉에서 굽어 보며 거느리는 데에 들어가니, 이것은 곧 감여가들이 말하는 한 자리의 땅으로 낯을 삼는 것이 아니라면, 무엇이겠는가? 신계사(新溪寺)와 발연사(鉢淵寺)는 비로봉의 뒤에 있으며, 대장암(大藏庵)과 유점사는 동쪽으로 벋어 나온 한 가닥의 밖에 있으므로 비로봉의 거느림에 들지 아니하고, 마침 바깥 지경의 아름다운 땅이 되었으니, 등쪽이 아니면, 무엇이겠는가? 천오스님이 논한 것은 오직 동쪽으로 벋어 나온 한 가닥이 전국의 큰 산줄기가 된 것만을 보고, 비로봉이 서쪽을 향하여 서쪽으로 낯을 연 것을 보지 못한 채 하늘이 정하여 놓은 낯과 등을 바꾸어 놓으려고 한 것 같다.

내금강산과 외금강산의 체세(體勢)는 같지 않은 것도 있다. 내금강산은 기이하나 험준하며 미묘한 빛으로 깨끗하여 신명이 빼어나게 만들어 저절로 신선들이나 살 수 있는 아름다운 고장이 되었다. 옥으로 조각하여 만든 나무들과 같은 아름다운 물색과 경치는 곧 노오(盧敖:秦나라 때 廬山에 숨어 살던 隱士)와 서불

(徐市:秦나라 때 方士, 자는 君房, 徐福이라고도 함, 秦始皇이 동해중에 있다는 不死草를 구하여 오도록 童男童女 각 3천명씩을 주어 보냈으나, 돌아오지 않았다고 함, 서시로 읽는 것은 잘못임) 등이 크게 떠벌려 말하여 어리석은 진시황(秦始皇)이라는 자가 혼자 즐겨 모질게 심묘(深妙)한 체를 삼으려 한 때문에 때로는 조금 손상되기도 하였다. 그러므로 그 물줄기의 근원은 끝까지 더듬을 수 없는 것이 없고, 산도 오를 수 없는 것은 없었다. 수많은 산골짜기와 산봉우리들은 우리들의 눈 안에 다 들어와 모였다. 그러나 외산은 그렇지 않았다. 처음 수재(水岾)에서 미륵봉(彌勒峯:높이 1538m)과 만장봉(萬丈峯)을 내려다 보면, 모든 돌이 곧게 솟아 돌로 만든 홀(笏)처럼 보여서 처음으로 깜짝 놀라 버렸다. 두번 째로 놀라운 것은 은선대(隱仙臺)에서 12층 폭포와 4km는 되는 석벽과 여러 산봉우리들과 수많은 구령텅이가 넓고 움푹한 것과 산이 높고 험한 것과의 세 가지로 나뉘어 정신을 아찔하게 하는 것이었다. 백천교(百川橋) 아래 발연동(鉢淵洞) 밖에 이르러 온 산의 대체(大體)를 훑어 보면, 푸른 모양과 빽빽한 모양의 빛깔이 위쪽은 엷게 푸르러 거무데데한데, 바위 봉우리들은 돌로 만든 가리개 같은 것이 마치 죽순(竹筍)이 다발로 삐져나오듯 솟아서 구름과 산골물과 놀이 진 골짜기에 얼켜진 삼대처럼 터지고 찢어져 있다. 이러한 것들이 모두 이 거대한 산의 위에서 다시 하나의 산을 이루어 세력을 모아 높아져서 산 위의 산이 되어 모두 사람들은 발을 붙여 오를 수가 없고, 새들과 길짐승들마저도 통할 수가 없으므로, 비록 3000m나 되는 폭포를 본다고 하여도 그 폭포가 어디서 나오는 지를 알 수 없으며, 비록 40여km를 골[洞]안으로 들어가도 그 골의 끝은 헤아릴 수가

없다. 매우 우묵하게 깊어서 어둠침침하여 그 끝을 알 수 없고, 항상 신명들이 만든 경치와 기이한 구경거리는 그 속에 몰래 감추어져 있었다. 만물초(萬物草)는 기이하여 아무리 설명하여도 아직 다하지 못하겠으니, 외금강산이 서리어 자리잡고 있는 것은 너무 웅대하여 결코 내금강산과는 견줄 수가 없다. 그리하여 나는 정신이 어질어질하고 넋이 나가는 듯 두려워서 끝까지 살펴볼 수가 없었다.

한 산의 크고 작은 것도 같지 않으니, 지세(地勢)가 그러하였다. 장안사(長安寺)와 표훈사(表訓寺)는 내산의 편편한 땅에 자리잡고 있으나, 외산의 허리춤 위에 있는 유점사(楡岾寺)와 비슷한 높이이다. 표훈사에서 수재(水岾)에 올라가는 길은 8km가 채 안 되고, 백천교(百川橋)에서 수재에 이르는 거리는 20km나 되며 허공에 매달린 것 같은 길인데, 미륵봉(彌勒峯)과 구정봉(九井峯)에다 4km를 더한 높이이니, 외산의 높이는 24km로 통한다. 그러므로 수재에 올라서 동편으로 바다를 굽어 보면, 마치 깊은 땅속에 있는 구덩이처럼 보이고, 서쪽으로 많은 구렁텅이를 엿보면, 그렇게 낮게 움푹 빠진 것처럼 보이지는 않는다. 대체로 외산의 지세는 서쪽이 높고, 동쪽은 움푹 빠져서 12-16km쯤의 차이가 난다. 그러나 산의 크고 작기로는 듣기에 추지령(湫池嶺)은 자잘하고, 동쪽으로 올라가면, 험절한 고개이나, 서편으로 올라가면, 평지라고 하였다.

외금강산은 이처럼 웅대하기 때문에 바위 벽과 돌로 된 산봉우리들도 또한 웅대하여 두려워할 만하였다. 내금강산은 이처럼 기이하면서도 아름답기 때문에 바위 벽들과 돌로 된 봉우리들도 역시 기이하게 아름다워 사랑스러웠다. 그 웅대한 것으로 인하여 크다고 보면, 눈에도 커 보이지만, 마음 속으로도 크게 보여서 크지 않은 것이 없고, 그 기이한 것으로 인하여 기이하게만 볼 것 같으면, 눈에도 기이하게 보이고, 마음 속으로도 기이하게 느껴져서 기이하지 않은 것이 없다. 기이하면서도 웅대할 수 있고 웅대하면서도 기이할 수 있다면, 다만 이 한 산만 기이하게 아름다우면서 웅대한 특별함이 있는 것이 아니라 갈라져 나간 작은 봉우리들과 조그만 구령텅이들까지도 모두 그 운치와 자품이 모두 달랐다. 장안사(長安寺)는 그윽하고도 기묘하며 한가하여 안온한 것이 더할 수 없으며, 업경동(業鏡洞)은 그늘지고 어둠침침하여 얼어붙는 듯하기로는 더할 수 없으며, 백탑동(百塔洞)은 깊숙하고 험절하여 높고 으슥하기로는 더할 수 없으며, 영원암(靈源庵)은 높은 데에 있어서 험절하여 쓸쓸할 만큼 깨끗하기가 더할 수 없으며, 표훈사(表訓寺)는 편편하고도 널찍한 곳에 있어서 빈 것처럼 넓기가 더할 수 없으며, 정양사(正陽寺)는 좁기는 하나 시원하게 높아서 멀리까지 볼 수 있는 것이 더할 수 없으며, 원통동(圓通洞)은 골짜기가 깊어서 그윽하고도 아름답기가 더할 수 없으며, 만폭동(萬瀑洞)은 빛나고 가려진 것이 없어서 맑고 밝기가 더할 수 없으며, 마하연(摩訶衍)은 맑고도 고요하며 그윽하고도 오밀조밀하기가 더할 수 없으며, 비로동(毗盧洞)은 신령스러울 만큼 밝고 상쾌하기가 더할 수 없으며, 대장동(大藏洞)은 움푹하게 파여서 컴컴하기가 더할 수 없으며, 유점사(楡岾寺)는 풍성할 만큼 넉넉하게 멀리 넓은 것이 더할 수 없으며, 구연동(九淵洞)은 맑으면서도 깊고 기묘한 것이 더할 수 없으며, 발연동(鉢淵洞)은 장엄할 만큼 험준함이 더할 수 없으며, 구룡동(九龍洞)은 장엄하여 조심스럽고 두려운 것이 더할 수 없어서, 각각 그 나름대로의 뛰어난 점이 아울러 모여서 한 산을 이루어서 여덟 가지 보배로운 음식들로 배를 불리고, 궁(宮), 상(商), 각(角), 치(徵), 우(羽) 다섯 소리로 귀를 메우듯이 하여 이 금강산에서 나는 말할 수 없이 작은 한 알의 좁쌀 같은 몸과 귀와3 한 톨의 좁쌀 위에 뚫어진 바늘 구멍 같은 눈과 남에게는 보이지 않는 마음만으로 마음을 즐겁게 해 주는 그 큰 볼거리와 기이함들을 구경하였다. 또 여러 산골짜기들을 한데 모아 거느려서 각양 각색의 아름다움이 눈에 들어오는 대로 가슴 속에 감추어 두고, 말뿐이 아니라 마음 속으로 깊이 새겨서 실천에 옮겨서 하나도 흘려 버리지 아니하니, 내 눈에 기이한 것과 내 마음에 웅대하게 느껴진 것은 금강산이 웅대하고 기이한 것보다도 더 크고 더 기이한 것이다. 어떤 사람은 말하기를,

외금강산은 살집이 풍성하며 몸통이 높아서 둔하고, 내금강산은 맑고 가팔라서 기이하며 아름다우나 날카롭다. 같은 산이 날카롭기도 하고 둔하기도 한 것은 무슨 까닭인가?

라고 하여 나는 말하기를,

이것은 바로 풍악산이기 때문이오. 천하에서 가장 크고 가장 높은 것은 모두 날카로움과 둔함이 있게 마련이오. 성인(聖人)과 어진 어른들의 덕업(德業)을 가지고 말한다면, 증자(曾子:孔子의 제자, 이름은 參, 孝子로 유명함)는 미련하고 꾸밈이 없어서 둔하나, 시(詩), 서(書), 예(禮), 악(樂)에 있어서는 날카로웠고, 정백자(程伯子:程顥, 1032-1085와 程頤, 1033-1107 형제, 형의 자는 伯淳, 호는 明道, 아우의 자는 正叔, 호는 伊川伯을 지내서 伊川이라 고 함, 이 두 형제를 兩程子라고도 함)는 독실하고 온후하여

둔한 듯하였으나, 학문과 사변(思辨)에 있어서는 날카로웠다. 문장의 체격으로 말할 것 같으면, 한이부(韓吏部:이름은 愈, 호는 退之, 768-824, 이부는 그의 벼슬 이름, 唐宋八大家의 한 사람)는 연못처럼 깊고 널리 알려고 하여 둔하지만, 자유 자재히 짓는 글에 있어서는 날카로웠고, 두초당(杜草堂:이름은 甫, 호는 小陵, 712-770, 초당은 그가 빈궁하게 산 데서 온 것, 당송팔대가의 1인, 詩聖이라고도 일컬어짐)은 침울하며 창건(蒼健)하여 둔한 듯하나, 맑게 개인 하늘처럼 화려하고도 아리따운 글을 짓는데 있어서는 날카로웠다. 성현들의 덕업과 문장가들의 체격을 알 수 있은 그런 뒤라야 풍악산의 구경도 제대로 할 수 있을 것이다.

라고 하였다.

대체로 금강산의 본체가 생긴 모양은 돌로만 이루어진 까닭으로 산봉우리들이 돌이 아닌 것이 없었다. 언덕으로 된 절벽도 돌이 아닌 것이 없었다. 흙으로 덮여진 것이나, 땅 위에 깔려진 껍데기라는 것도 역시 돌이 아닌 것이 없었다. 온통 눈에 보이는 것은 넓고 큰 바다 위에 떠 있는 하나의 큰 돌이다. 그리고 그 돌들이 옥돌처럼 빛나는 것으로 말하면, 페르시아[波斯]산의 갖가지 구슬들과 같아 보이고, 웅장하고 위대한 것으로 말하면, 하늘 나라에 있다는 옥경(玉京)의 12 누각과 같이 보이며, 더할 수 없이 흰 것으로 말하면, 눈이 덮인 높고 험한 산처럼 보이며, 신령스럽게 빼어난 것으로 말하면, 신선들이 사는 고장에만 있다는 아름다운 화초처럼 찬란하게 보여 하늘 나라의 기술자가 만들어 몰래 감추고 있는 듯하기도 하고, 땅 속의 귀신이 곱게 쌓아 놓은 것이 조금씩 새어서 남은 것이 하나도 없는 것 같은 까닭으로 뺑 둘러 싼 산은 100여km나 되는 것이 옷도 입지 않고, 모자도 쓰지 않은 점잖은 지성인[縉紳] 같기도 하고, 시, 서, 예, 악에

밝은 선비 같기도 하며, 지극히 많은 백성들과 사물들도 또한 분위기가 매우 쓸쓸하여 차고 메말랐었다. 유주(柳州:성명은 柳宗元, 자는 子厚, 773-819, 유주는 호, 다른 호로 河東이 있음, 唐宋八大家의 한 사람)가 말한 바 "초(楚)나라 남쪽에는 돌이 많다[楚南多石]"는 기풍이어서 도량과 재간이 뛰어난 나그네만을 위하여 만들어진 것은 아니었다.

신라와 고려에서 조선 중엽에 이르기까지는 크고 작은 절간들이 안팎 금강산에 가득차게 있어서 108 사찰이라고 하나, 내가 듣고 본 것을 헤아려 보면, 내금강산에는 장안동에 장경(藏經), 지장(地藏), 극락(極樂), 명수(明水), 관음(觀音), 양심(養心), 영욱(靈頊), 운수(雲水), 미타(彌陀), 삼일(三日), 안양(安養), 보현(普賢), 신림(新林)등 13 암자(庵子)가 있고, 표훈동에 백화(白華), 정양(正陽), 수선(修善), 삼장(三莊), 기기(寄寄), 개심(開心), 안심(安心), 양심(養心), 돈대(頓臺), 진헐(眞歇), 천덕(天德), 묘덕(妙德) 등 12 암자가 있고, 원통동에 원통(圓通), 선암(船庵), 진불(眞佛), 웅호(熊虎), 수정(水精) 등 5 암자가 있고, 백천동에 영원(靈源), 대송라(大松蘿), 소송라, 현불(顯佛) 등 4 암자가 있고, 만폭동에 향로(香爐), 사자(獅子), 보덕(普德), 윤필(潤筆), 묘봉(妙峯) 등 5 암자가 있고, 만폭동의 위에 마하연(摩訶衍), 만회(萬灰), 거빈(巨彬), 묘길상(妙吉祥), 불지(佛知), 백운(白雲), 신원적(新圓寂), 구원적, 문수(文殊) 등 9 암자가 있었고, 외금강산에는 유점동에 대적(大寂), 진견성(眞見性), 수운(水雲), 영은(靈隱), 반야(般若), 명적(明寂), 백련(白蓮), 축수(祝壽), 자월(紫月), 구연(九淵) 등 10암자가 있고, 대장동에 상원(上元), 백전(栢田), 성불(成佛), 불정(佛頂), 적멸(寂滅), 개심(開心), 상초막(上草幕), 하초막, 운서(雲棲), 계조(繼

祖), 대장(大莊) 등 11 암자가 있고, 발연동에 상불사의(上不思議), 중불사의, 하불사의 등 3 암자가 있고, 신계동에 대명(大明), 태평(太平), 길상(吉祥), 도솔(兜率), 보문(普門) 등 5 암자가 있다. 이제는 그 절들이 하나같이 퇴락하고 허물어졌다. 오직 장안동의 장경암(長慶庵)과 지장암(地莊庵) 등 2 암자와 백천동의 영원암(靈源庵)과 표훈동의 정양사(正陽寺)와 백화암(白華庵)과 원통동의 원통암(圓通庵)과 만폭동의 보덕암(普德庵)과 마하연(摩訶衍), 만회암(萬灰庵), 불지암(佛知庵) 등 4 암자와 유점동의 축수암(祝壽庵), 백련암(白蓮庵) 등 2 암자와 신계사(新溪寺)와 보문암(普門庵)만이 있다. 그러나 모두 한 두 노승이 솔잎을 먹으면서 외롭게 살고 있을 뿐이다. 옛날에는 깊이 들어가야 할 땅이거나 높은 곳에 올라가야 하는 곳이어서 모두 길이 막혀 통할 수가 없었고, 이제의 관유자들은 오직 중국 여산(廬山:중국 江西省九江府에 있는 명산)의 호계(虎溪)와 사명산(四明山:중국 折江省에 있는 명산)의 운문(雲門)을 구경할 뿐이다.

 이 금강산은 천산 만석(千山萬石)이 모두 천지를 창조한 절대자가 한 판의 놀이 연극을 신나게 놀고 난 놀이마당이다. 기이하고 괴상한 형상들은 모자라는 물건은 하나도 없고, 못난 것도 하나 없고, 게다가 중간에 서 있는 것은 서 있는 것이나 앉아 있는 것이나가 모두 부처님이 앉아 있는 듯하였다. 이 어찌 조화옹(造化翁)이 불상(佛像)만 보았기에 그 부처의 모습을 본떠서 기이한 재주를 즐겨 부려 만들었겠는가? 어찌 살아 있는 부처의 이치와 산에 있는 돌들이 싹이 나듯하는 것이 모두 모습과 그림자가 같은가? 그렇다면 부처는 역시 하늘과 땅 사이에 진실로 그 물형이 있었으며, 그 조짐이 나타난 것은 천지 자연의 기운이 처음

싹트기 시작할 때부터 있었단 말인가?

　금강산에 있는 정양사(正陽寺)는 하느님이 정성을 다하여 만물을 만들어 놓은 곳이다. 천지의 기운이 모여 만 가지 형상이 사면으로 펼쳐져 신출귀몰하듯 일정하지가 않고, 숨었다 나타났다 하는 것이 한결 같지 않았다. 진실로 전망이 좋은 곳[四亭八堂]의 땅이 아니면, 어찌 한 번 훑어 보아 산의 모든 경치를 다 볼 수 있도록 모아 놓겠는가? 이것이 풍악산이 있고, 정양사가 있는 이유이며, 그 형상은 달 밝은 밤에 가장 기이하였다. 내가 헐성루(歇惺樓)에 올랐을 때에는 마침 13일이라서 밝은 달이 하늘 한 가운데 높이 떠 있는데, 온갖 소리는 고요하고, 우뚝하게 서 있는 낱낱의 산봉우리들은 마치 나를 향하여 앞 가슴에 두 손을 모으고 읍하여 인사하는 듯하였고, 겹겹이 둘려 있는 산봉우리들은 마치 나를 향하여 수작을 하고 있는 듯하였다. 겉으로는 새하얗고, 속으로는 텅텅 빈 듯한 그 모양은 위로는 하늘 꼭대기의 은하수에까지 통하는 듯하여 허공 중에 학을 타고 날아다니는 신선이나 된 듯하였다. 이 헐성루의 난간에 아주 가까이 있으면 그러하였으니, 이 헐성루야말로 이 산에서 가장 좋은 곳이고, 이 날 밤의 이 헐성루는 가장 멋이 있었다. 또 이번 여행 중에서 나에게 있어서는 가장 멋이 있었다.

　세상에는 비록 웅대하고 높으며 험준한 산이라고 하드라도 그 가지가 벋어내린 곳의 아래는 모두 평평하고, 길도 평이하나, 길을 나와 그 산 위를 올라가면, 비록 깊고 험절한 구렁이라도 통하여 못 갈 곳이 없는데, 이 금강산은 바위 벼랑은 말할 것도 없고, 흙언덕조차도 땅 위에 곧게 치솟아서 소름 끼칠 만큼 똑바로 산 맨 꼭대기까지 이른다. 그러한 까닭으로 산의 좁은 두 골짜기를 당하면, 발 한짝만 디딜 만한 골짜기가 되어도 그 틈으로 시냇물이 흘러 간다. 길은 모두 어떤 곳은 벼랑 언덕이고, 어떤 곳은 시내가 되어 그 변함이 한결 같지 않으며, 다만 저쪽도 바위이고, 이쪽도 바위라는 것과 앞에도 돌이고 뒤에도 돌이며, 지난 날의 사람들이 짚신을 신고 지나간 흙자취만 남았음을 알 뿐이다. 어떤 때에는 비라도 뿌려서 그 흙발자국을 씻어버리면, 발자취가 어디서 왔는지를 알지 못하여 비록 앞길을 인도하는 중이 있다고 하드라도 그 중마저 때로는 길을 잃고 헤메곤 한다. 만폭동의 길은 동쪽으로는 외금강산으로 통한다. 여기서부터 시작되는 길이 이 한 산에서 제일 큰 길이 된다. 또한 향로봉으로 가는 길은 돌들이 어지럽게 얽혀 있는데, 한 쪽발을 겨우 디딜 만하게 자주 험한 산봉들을 지나고 시냇물을 자주 걸어서 건너니, 약 2m쯤되는 평지도 없었다. 외금강산은 구룡연(九龍淵) 이외에는 이처럼 험한 곳은 없다.

일찌기 내가 들으니, "이 산의 돌들은 모두 흰데 돌들의 본바탕이 마치 시냇물 위의 흰돌이 바람에 닳고, 빗물에 씻겨서 된 것 같으나 실은 그렇지가 않다"고 한다. 그 돌들이 모두 흰 이끼의 무늬가 있고 돌이 단단하여 흰 가루가 엉겨서 이루어진 듯하기도 하고, 말갛게 흰 것도 있고, 엷게 푸른 빛을 띤 것도 있고, 엷게 누른 빛을 띤 것도 있어서 각양 각색의 모양과 빛깔을 하고 있어서 빛깔이 짙은 것과 엷은 것들이 저절로 나뉘어지고, 저녁놀에 비치어 무수히 반짝이기도 하고, 번쩍이기도 하니, 모두 하나 같았다. 빛이 대체로 흰 것들은 다 높은 봉우리의 맨 꼭대기여서 내산에 다발쑥대처럼 모여 있다. 그러나 산봉의 절정이 어떤 것은 희지 않은 것도 있으니, 시왕봉(十王峯)과 상관음봉(上

觀音峯), 중관음봉(中觀音峯, 하관음봉(下觀音峯)과 장경봉(長慶峯)과 방광대(放光臺)가 그러한 것들이다. 가운데 허리 아래쪽만 어쩌다 아주 흰 것이 있는데, 비로봉(毗盧峯)의 아래 부분 시냇가 석벽과 원통동(圓通洞)의 수미탑(須彌塔)이 그러하다. 외산은 온정령(溫井嶺) 일대와 구룡연(九龍淵)과 구정봉(九井峯)이 모두 희고, 대장봉(大莊峯)은 반은 희고 반은 검은 빛이나 그 밖의 산봉들은 어떤 것은 거무테테하고, 어떤 것은 붉으스름하다. 그러나 동쪽으로 얕은 바다로 나와서 또 군옥대(群玉臺)와 칠성봉(七星峯)과 석범산(石帆山)과 현경암(懸磬巖)과 백도(白島)들이 흰데, 그 흰 것이 모두 분가루처럼 희니, 돌의 성질은 알 수 없으나, 같지 않기 때문인가? 같아서 그러한가? 돌의 줄기가 높아지고 낮아지는 것이 있기 때문에 그러한가? 설악산(雪嶽山)과 한계령(寒溪嶺)의 산봉들은 중간중간 새하얗고, 남쪽 중부의 속리산(俗離山:현 충청북도와 경상북도 접경에 있는 산 이름-높이 1057m)과 금산(錦山:현 경상남도 南海郡 尙州面에 있는 산-높이 701m)의 산봉우리들도 또한 희다. 가파르게 달리던 큰 산줄기의 가운데에 한 가닥의 흰 줄기를 따라 남쪽으로 내려와서 자주 천 리 밖에까지 시원스레 날 듯이 흰빛이 들어나고 있는 듯하다.

깊은 산에 있는 바위골[巖洞]의 물을 예로 보면, 모두 얕으면 흰 빛이고, 깊으면 초록빛이 되고, 초록빛이 지나치게 되면 푸른 빛이 되고, 푸른 빛이 지나치게 되면 검은 빛이 된다. 그러나 이 산의 만폭동의 물은 못이 되기도 하고, 물이 깊은 웅덩이가 된 곳은 깊어서 초록빛이 되지만, 그 초록빛에는 누르스름한 기운이 떠서 신선하기도 하고, 아름답기도 하고, 고운 빛이 마치 종이를 던지면 초록빛이 물 들어 지나치면 검어진다. 물도 역시 누런 기운을 띠고 있는 것은 물의 성질이 그러하다고 한다. 그렇다면 다른 산의 물들도 또한 그러한가? 그것을 일컬어 흙이 더할 수 없이 맑고, 물이 더할 수 없이 깨끗하기 때문이라고 한다. 그렇다면, 업경동(業鏡洞)의 물은 얕으면 여울이 되고, 깊으면 못이 되는데, 모두 순금빛을 이루었고, 백하담(白霞潭)과 온정령(溫井嶺)의 물은 모두 맑아서 빈 듯이 흰 것은 무슨 까닭인가? 나는 그 이유를 알 수가 없다.

금강산 산봉들과 물들이 웅대하기도 하고, 빼어나기도 하여 경물(景物)이 기이하고도 아름다운 것은 동쪽으로는 고성(高城)과 서쪽으로는 회양(淮陽)에 모여 있다. 이들은 모두 구름송이와 물과 돌, 그리고 바위로 된 봉우리들과 돌로만 된 골짜기와 사방으로 뻗어 나간 산줄기의 가닥들이 급하게 바다 속으로 달려 나가 신계사 북쪽 산기슭에서부터는 삼일포(三日浦)와 해산정(海山亭)과 칠성봉(七星峯) 등 해금강을 이루었고, 유점사 남쪽 기슭에서부터는 석범산(石帆山)과 현종암(懸鐘巖)과 영랑호(永郎湖)와 감호(鑑湖)가 되었고, 간성(杆城)에서부터는 남은 산줄기가 백도(白島)와 교암(橋巖)과 청호(淸湖:淸草湖의 준말)와 화호(花湖:花津湖의 준말)와 선유담(船遊潭)과 쌍성호(雙成湖)와 청간정(淸澗亭)을 이루었다. 안개와 연기와 구름들이 잘 어울린 산봉우리들의 경치와 맑은 물과 뛰어 노는 물고기들의 구경거리가 따로이 못과 바다를 이루어 새로운 지경과 산세를 이루어 바다와 못을 안고 버티고 앉은 모양이 이미 넓고 커서 끝없이 망막한데, 경물의 변환이 번갈아 나타남도 또한 끝이 없었다.

매년 삼월과 구월에 꽃이 피고, 단풍이 짙어지는 때면, 산에 사는 스님[山僧]들이 회양(淮陽)과 고성(高城)의 원님들에게 글을

보내어 구경하기 알맞은 때임을 알려 주었는데, 그것을 일컬어
"화발장(花發狀)" 또는 "풍엽장(楓葉狀)"이라고 하였다. 그 일은
지극히 기이하였으며, 그 이름은 지극히 맑아서 사람들로 하여금
기분이 좋아 춤을 추듯하게 하며, 술에 취하여 춤 추듯하게 하여
마치 먼 곳에서부터 높이 들려 하늘을 날아 올라가는 듯하기도
하나, 시문을 즐기는 사람들에게는 알려지지 아니하여 외로이 신
선(神仙) 세계를 등지고 있게 하는 것이 애석하기만 하였다. 청신
(淸新)한 경치에 풍진(風塵) 세계의 속된 사람들을 불러 들이어
구름과 물과 맑은 지역의 소나무 아래에서 귀한 사람들이 행차
할 때에 별배(別陪)들이 큰 소리로 길가는 사람들을 길에서 멀리
피하게나 하는 곳으로 변하게 되었다.

  시(詩)가 사물의 형상을 그려내기 어렵듯이 사물의 형상이 금
강산을 본뜨기는 그보다도 더 어려운 듯하다. 헐성루(歇惺樓)는
높고 시원하여 사방을 바라볼 만하고, 금강산 전체의 온갖 경치
를 한 곳에 집중시켜 모두 거머쥐고 있다. 그러므로 금강산을 구
경한 모든 사람들은 우리 나라에서는 제일 훌륭한 곳이라는 이
유로 시를 짓지 아니하였으며, 또 짓다가는 중간에 붓을 꺾어 버
리고 작품을 완성하지 못하여 옛 어른들이나 이젯 사람들이 헐
성루 위에 걸어 놓은 시판(詩板)이라는 것이 모두 시원하지 않아
서 쓸쓸하고 고요하며, 새 정신이 날 만큼 경계(警戒)가 될 만한
내용의 글귀가 없었다. 다만 서파(西坡) 오도일(吳道一:자는 貫之,
1645-1703, 벼슬은 강원도 관찰사와 병조판서를 지냄, 저서에 <
西坡集>이 있음)만이,

    넓게 오래 흰 눈이 층층이 싸였으나 [層層浩劫長留雪]

연꽃같은 산봉들이 하늘 높이 달려 있네. [個個遙空不墮蓮]

라고 노래한 것과 채번암(蔡樊巖:이름은 濟恭)이,

많은 새들 날아 올라 성 내어 뒤섞인 듯 [無數飛騰渾欲怒]
때로는 햇빛 받아 찬란히 빛나누나. [有時尖碎不勝孤]
석양엔 햇빛 부셔 알아 보기 어렵고 [夕陽到頂光難定]
잔설로 꾸민 산봉 모양이 다 다르네. [殘雪粘鬢態各殊]

라고 한 싯구가 사람들의 입에 널리 외워지고 있을 뿐이다. 또한 이 금강산은 병통도 가지고 있으며, 티도 많은 구슬[玉]이었다. 목여와(睦餘窩:이름은 萬中, 자는 公兼, 1727- ?, 벼슬은 大司諫을 지냄, 저서에 <餘窩集>이 있음)는 중을 시켜 나무판을 가져 오게 하여 헐성루에 올라 깊이 생각하며 시를 읊조리다가 결국 시 한 수를 짓지 못하고, 한나절을 무료히 누(樓)에 앉아 시간만 보냈다고 하였다.

경치가 뛰어나 유명한 곳에 제명(題名)하는 것은 이 산에서부터 못된 풍속이 되어 이 산이 가장 심하게 되었다. 비록 더할 수 없이 깊은 구렁이나, 인적이 드문 골짜기까지도 조금만 평평한 돌이 있으면, 이름자를 새겨서 거의 조그마한 바위조차도 빈 틈이 없는데, 이들 모두가 100년이 안된 근래의 인물들이었다. 그런가 하면, 옛 어른들의 이름들은 모두 이끼에 먹혀 버리거나 물에 씻겨 닳아 없어져서 남은 것이 하나도 없는 것일까? 나의 생각으로는 옛 어른들이 차례차례 밟으면서 실지로는 헛되게 소문이 나는 것이 기뻐할 일이 못되는 까닭으로 승지와 아름다운 경치를 만나면 술을 마시며 기이한 흥을 부쳐 읊조릴 뿐이었을

것으로 여겨진다. 어쩌다 이름 난 산 속에 머물면서 참된 인연을
맺게 된다면, 바위에 의지하여 움막을 짓고, 먹으로 제명을 하였
을 것이다. <추강록(秋江錄)>에 보이는 송라암(松蘿庵)의 처마끝
위에 걸려 있는 옛 사람 김대유(金大猷)의 제명이 바로 그러한
것이다. 그 이후의 세상 사람들은 좋은 이름을 훔치려는 마음과
좋은 일을 하는 버릇을 이기려고 먹으로 새길 가치도 없는 것을
나무판에 새기기도 하고, 돌 위에 새기기도 하여 새긴 위에 또
새기고 하여 하루도 쉴 날이 없이 하였다. 그러므로 장안사와 표
훈사와 유점사와 신계사의 중들은 돌을 새기는 기술자가 아닌
사람이 없을 정도였다. 또 뜨거운 불화로를 준비하여 놓고 쇠못
을 달구어 두드려야 할 야장(冶匠)들조차 놀러 온 손님들의 가마
뒤를 따라 다녀서 조그만 쇠부치마저도 기술자가 만들 틈이 없
게 되었다. 이와 같은 데에서 고금의 이상한 풍속과 관습이 변한
것을 볼 수 있게 된다. 오직 김사계(金沙溪:이름은 長生, 자는 希
元, 1548-1631, 벼슬은 兩湖號召使를 지냄, 저술에 <喪禮備要>.
<家禮集覽>. <沙溪先生全書> 등이 있음)와 김천일(金天鎰:壬辰倭
亂 때 義兵將, 자는 士重, 호는 健齋. 克念堂, 1537-1593, 벼슬은
判決事를 지냄, 저서에 <松川集>과 <健齋遺集>이 있음)과 스님
유정(惟政:속성은 任氏, 임진왜란 때 義兵을 일으킨 僧將, 자는
離幻, 호는 四溟堂. 松雲. 鐘峯, 유정은 법명, 1544-1610, 왜란 후
朝日和親에 공이 큼)의 이름만이 모래를 헤쳐서 얻을 수 있는 금
싸락이처럼 고적으로써 사랑 받을 수 있을 뿐이다.

 죽북(竹北) 안인일(安仁一)이 말하기를,

  지암자(遲庵子:李東沆, 이 <해산록>의 지은이)가 지은 <해산록

(海山錄)>을 읽어 보니, 모름직이 본을 삼을 만하다. 이 책은 반드시 바람이 온화하고, 햇볕이 따뜻할 때를 기다려서 읽어야 한다. 이러한 분위기가 이루어진 뒤에 읽어야만 그처럼 소탕(疎宕)하여질 수가 있을 것이다. 이 책은 반드시 시를 지으면서 호협하게 시를 읊조리면서 읽어야 한다. 이러한 분위기가 이루어진 뒤에 읽어야 그 흥취의 실머리를 찾을 수 있을 것이다. 이 책은 반드시 하루에 힘을 다하여 동일한 기분으로 읽어야 한다. 이러한 분위기에서 읽은 뒤라야 그 글에 나타난 기복(起伏)을 모두 이해할 수 있을 것이다. 이 책은 반드시 보름 동안의 공을 드린 뒤에 정성을 드려 읽어야 한다. 이러한 분위기에서 읽은 뒤라야 그 자세함을 미루어 약간이나마 이해할 수 있을 것이기 때문이다.

라고 하였다.

〈해제〉

금강산 기행문 해산록(海山錄)을 살핌

I. 머 리 말

　현재 우리 국문학계에 소개된 금강산 기행 문학작품은 필자가 조사한 것으로 1910년 이전에 지어진 것만도 약 200 여편에 이른다. 이들 작품의 이름들을 크게 구분하여 살펴보면, 대체로 "관동록(關東錄), 금강록(金剛錄), 동유록(東遊錄), 봉래기(蓬萊記), 풍악(楓岳錄), 해산록(海山錄)" 등으로 나누어지는데, 이들 작품을 이름별로 잦기를 헤아려 보면, "금강록" 계열이 74편으로 제일 많았고, 다음은 "동유록" 계열이 42편, "풍악록" 계열이 27편, "관동록"계열이 19편, "해산록" 계열이 8편, "봉래록" 계열이 4편이고, 기타가 20 여편에 이르렀다. 이들을 다시 연대순으로 배열하여 보면, 15세기에는 "관동"과 "금강", "동유"가 비슷하였고, 16세기에는 "금강"이 제일 많고, "관동"이 그 다음이며, "풍악"이 제일 적었다. 17세기에는 "풍악, 금강, 동유, 관동"의 순으로 바뀌었다. 18세기에는 "금강, 동유, 풍악, 봉래"의 순으로 다시 바뀌고, 19세기에 이르러서는 "금강, 동유, 풍악, 봉래, 해산, 관동"의 순으로 나타났는데, "금강록" 계열이 절대 다수였다. 이것은 곧 그 시대의 상황에 따라 같은 산이건만, 그 지은이가 마음 속으로 그 산을 어떤 곳으로 보았는가에 따라 달리 표현한 것으로 풀이

된다. 불교 신자 또는 불교를 배척하지 않은 사람들은 불교 경전에서 인용한 산명인 불교적 이상세계(理想世界)로서의 금강산을 일컬어 "금강록" 계열의 이름을 붙이게 되고, 불교를 배척하거나, 좋아하지 않은 유학자들의 경우에는 "관동, 동유, 풍악, 해산" 등의 이름을 붙여서 명명한 듯하다. 그리고 유학자들 중에서 도선사상(道仙思想)을 가진 사람들은 "봉래(逢萊)"라는 삼신산(三神山)의 이름을 즐겨 사용한 듯하다.[1)

이제 여기서 살펴보려는 금강산 기행 "해산록(海山錄)"은 아직 학계에서 논의된 바가 없는 숨겨진 작품이다. 이 작품의 지은이는 유학자로서 불교를 배척하기보다는 도량 넓게 포용하려는 자세를 보이면서도 그 순례지의 이름은 철저히 "풍악"이 아니면, "해산"으로 부르면서 신선들만이 사는 별세계(別世界)로 감탄하고 있다. 이에 필자는 여기서 현재로서는 우리들이 아무리 가 보고 싶어도 직접 가서 구경할 수 없는 세계적인 명산인 금강산을 우리 선인들의 눈을 통하여 문헌상으로 대신 음미 감상하여 보고자 한다. 그리고, 그 선인들의 글 속에 반영된 당시인들의 생활 양상과 문학 의식들을 아울러 살펴보고자 하는 것이 이 글의 목적이다. 이는 필자가 이미 몇 차례 발표한 바 있는 금강산문학 연구 작업의 일환이기도 하다.[2)

---

1) 최강현, 금강산문학에 관한 연구(1), <省谷論叢> 23, 서울:省谷學術文化財團, 1992.
朴銀順, <金剛山圖硏究>, 弘益大學校大學院 博士學位論文, 1994.
2) 최강현, 금강산기행(金剛山紀行) 몽유록(夢遊錄) 소고(小考), <韓國文學論叢> 1, 서울:韓國文學硏究會, 1979.
-----, 未發表紀行'금강록'小考, <국어국문학> 82, 서울:국어국문학회, 1980.
-----, 金剛山說話의 一考, <朝鮮學報> 95, 奈良:朝鮮學會, 1980.
-----, 金剛山 –땅 위의 佛國土, <국토기행과 체험의 문학>, 서울:민족문화문고간행회, 1987.

필자가 여기 소개하는 기본 자료는 지은이의 문집인 목판본 <지암선생문집(遲菴先生文集)> 권 4 잡저(雜著) 속에 실려 있는 한문 기행록이다.3)

Ⅱ. 지은이와 지어진 연대

1. 지은이

이 <해산록>의 지은이는 이 글이 실려 있는 <지암선생문집>의 저자인 지암 이동항(李東沆 : 1736~1804)이다. 그의 본관은 광주(廣州)이고, 본생 고조는 사헌부(司憲府) 대사헌(大司憲)을 지낸 박곡(朴谷) 원록(元祿)이다. 증조는 호를 초당(草堂)이라고 한 생원(生員) 현명(顯命)이며, 본생 증조는 병조좌랑(兵曹佐郞)을 지낸 석문(石門) 기명(基命)이고, 조부는 호를 서헌(恕軒)이라고 한 세형(世珩:1685~1761)이며, 아버지는 자를 계함(繼咸)이라고 한 항중(恒中:1708~1758)이고, 어머니는 병조좌랑(兵曹佐郞)을 지낸 김징경(金徵慶)의 딸인 강릉김씨(江陵金氏)이다. 어려서부터 글읽기를 좋아하여 <통감(通鑑)>, <사기(史記)>, <경전(經傳)>을 서헌공(恕軒公)에게서 배웠다고 한다. 일곱 번이나 과거를 보았으나, 모두 실패하고는 백불암(百弗庵) 최흥원(崔興遠)과 대산(大山) 이상

-----, 蓬萊日錄을 살핌, <雪苔 朴堯順先生華甲紀念論叢>, 大田:韓南語文學會, 1987.
-----, 미발표 금강산유산록(金剛山遊山錄)을 살핌, <千峰李能雨博士七旬紀念論叢>, 大田:大田大學校, 1990.
-----, 휴휴(休休) 구강(具康)의 금강산 기행가사를 살핌, <새국어교육> 48·49합호, 서울:한국국어교육학회, 1993.
3) 李東沆, <遲菴先生文集>, 漆谷:李相虎, 1928.

정(李象靖:1710~1781) 선생들을 찾아 뵙고, 서예와 학문에만 힘썼다.

천성이 시나 글을 읊조리기를 기뻐하고, 조각(彫刻) 같은 것은 숭상하지 않았으며, 의지가 청원(淸遠)하고, 격조가 기발하면서도 고아[奇高]하여 속된 선비들과 휩싸이지 않았다. 고문 전자(古文篆字)의 글씨쓰기를 8세시부터 안산(安山) 최서림(崔瑞林)에게서 익히기 시작하여 미수(眉叟) 허목(許穆 : 1595~1682) 이후 제 1인자로 칭송되었으며, 당시인들은 그의 글씨 한 조각을 얻으면, 중보(重寶)처럼 귀중히 생각하였다. 또 전고(典故)에도 밝아서 역대 치란과 인물 및 풍속과 성보(姓譜)의 파계(派系)에 이르기까지 모르는 것이 없었으며, 타고 난 성품이 산과 물을 좋아하여 명산대천을 두루 구경하여 지리산을 구경하고는 <방장유록(方丈遊錄)>을 남겼고, 금강산을 편람한 결과는 <해산록>으로 남겼으며, 풍수(風水) 지리(地理)에도 밝았다고 한다.

지은이가 살아 있는 동안 친하게 사귀어 오갔던 사람은 번암(樊巖) 채제공(蔡濟恭 : 1720~1799)이 망년우(忘年友)로 사귀어 가까운 사이였으며, 경안(景顔) 이헌우(李憲愚), 사정(士貞) 조택규(趙宅奎), 사직(士直) 윤억(尹檍), 사남(沙南) 목윤중(睦允中), 백담(白潭) 우경모(禹景謨), 백고(栢高) 최홍진(崔鴻晉) 등은 특히 절친한 벗들로서 지리산과 금강산을 여행할 때에 동행한 일행이었으며, 주고 받은 시들도 여러 편이 있다. 또 가옹(可翁) 박성수(朴聖洙)와 벽옹(躄翁) 이규운(李奎雲) 등과는 가까운 이웃에 살면서 경적(經籍)을 풀이하며 토론하기도 하고, 시를 지어 음영하기도 하였다. 그리고 평소에 우리 나라 사람으로 돌아간 분 중에서 존경한 이는 아마도 지은이가 소두(疏頭)가 되어 문묘(文廟) 배향을 청하였던 한강(寒岡) 정구(鄭逑 : 1543~1620)와 여헌(旅軒) 장현광(張顯光:1554~1637)의 두 선생과 미수(眉叟) 허목(許

穆)이었던 듯하다. 특히 미수에 관한 이야기가 몇 번 인용되고 있는 것으로 미루어 평소에 미수를 숭모하였던 것이 짐작이 되고, 또 평소에 강학을 들은 바 있는 백불암(百弗庵) 최흥원(崔興遠) 선생이 돌아가자 그의 문집 발간을 도맡아 성취하는 등 선현(先賢)을 잘 모시기도 하였다. 또 부모님께는 효행이 지극하였으며, 친인척들 간에는 돈목(敦睦)에 힘 썼다고 한다. 특히 어머님에 대한 효성스러움은 이 <해산록>에서 높고 험한 산을 오르는 일과 깊은 바다의 뱃놀이를 할 때마다 어머님의 훈계를 이유로 들어서 자제한 일이 자주 보이는 것으로도 충분히 짐작이 된다.

지은이는 정랑(正郞) 벼슬을 지낸 여홍호(呂弘戽)의 딸인 부인 성산 여씨(星山呂氏 : 1732~1799)와 결혼하여 3남 1녀를 두었다. 장자는 양운(陽運 : 1758~1815)이고, 다음은 민운(敏運), 막내가 중운(重運)이며, 딸은 신광직(申匡稷)의 배위로 출가하였다. 그리고 지암의 문집을 목판본으로 1928년에 인간한 상호(相虎)는 지암의 현손(玄孫)이다.[4]

2. 지어진 연대

이 <해산록>이 언제 지어졌는가에 관하여는 이 작품의 내용을 살펴볼 때에 여행하는 도중에 지어진 것임을 알 수가 있다. 그러면, 지은이가 금강산을 여행한 것이 언제인가? 그의 <해산록>에 의하면, "상지십사년경술추(上之十四年庚戌秋)"에 친구들과 약속하여 "익년신해춘삼월이십칠일(翌年辛亥春三月十七日)"에 남한산성에 있는 우경모(禹景謨)의 집에서 10일간 머물며 행장을 마련

---

[4] 李相虎, "行略", <遲菴先生文集> 卷 6, (漆谷:李相虎, 1928.) 葉 19~23. 李鍾郁, <廣州李氏大同譜> 左通禮公派 遵慶公系, 卷 4, (서울:同譜書編纂委員會, 1988) 309~310쪽.

하여 여행길에 올라 그날로 수표교에 이르러 채번암(蔡樊巖) 상공이 보내 준 갖가지 선물을 받고, 28일에는 혜화문(惠化門)을 나서서 훨훨 금강산을 향하여 아들과 조카의 배웅을 받으며 떠나서 금강산과 설악산을 두루 구경하고, 5월 21일에 서울로 돌아온 것으로 기록하고 있으니, 일단 정조(正祖) 15년(1791) 3월부터 5월 21일 사이에 지어진 것임을 알 수가 있다.

Ⅲ. 작품 분석

1. 등정 동기(登程動機)

많은 금강산 기행들은 지은이들 스스로가 자기의 여행 목적을 밝혀 주지 않아서 그 등정 동기를 잘 알 수가 없는데, 이 작품은 다행히도 지은이 자신이 장황하게 설명하여 주고 있다.

> (전략)원나라 천자는 보시를 하였고, 명나라 고황제는 기뻐하며 칭탄하였다. 우리 나라 이외의 야만인들까지도 이 풍악산을 우러러 보는 것은 대체로 부러워하는 소문을 들은 데서 나온 것이다. 해외의 궁벽한 시골에 위치하여 있어도 천하에서 웅장하고도 기이한 경치로 이름난 것은 신령스럽고도 참되어 신선들만이 산다는 아름다운 세계로 믿어졌기 때문이니, 이것이 사람마다 모두 보고 싶어하는 이유이다. 헌데 우리 나라 사람들은 산 밑에 태어나서도 평생토록 이 산을 구경하지 못하고 만다면, 동쪽의 노(魯)나라에 나서 공자(孔子)를 뵙지 못하는 것과 다를 것이 없을 것이다. 나도 또한 뜻이 있은지는 오래 되었으나, 아직 한 번도 가 보지 못하고 다만 선배님들이 남긴 유록(遊錄)들을 읽으며, 정신적으로 상상만 하여 볼 뿐이었다. (하략)[5]

여기서 우리는 지은이의 금강산 등정 동기가 "금강산을 한 번 구경하는 것[一見金剛山]"이라는 단순한 소망의 성취를 위한 것임을 알 수가 있게 된다. 이것은 일찌기 필자가 <한국기행문학연구(韓國紀行文學硏究)>에서 밝힌 바 있는 등정동기별 분류에 의하면, 풍류를 즐기기 위한 여행인 요풍류계 기행록(樂風流系紀行錄)에 속한다고 하겠다.

2. 일행 및 행장

이미 앞에서 약간 언급한 바 있지만, 지은이는 1791년 음력 3월 17일에 혼자 1필의 말과 1인의 종을 거느리고, 서울 근처 남한산성에 있는 사앙(士仰) 우경모(禹景謨)의 집에 이르러 10일간 묵으며, 여행 준비를 마치고, 경집(景執) 목윤중(睦允中)과 석장(碩章) 최홍진(崔鴻晉)을 만나서 같이 떠난 것으로 되어 있다. 작품 속의 내용으로 보면, 목윤중이나 우경모 및 최홍진도 제 각각 겸종들을 거느리고 간 것으로 되어 있으니, 일행은 5~6명쯤 된 듯하다. 그리고 이들의 행장은 3인이 각자가 탈 말 1필과 종 1인에 종이, 붓, 먹, 연적, 약, 전물(餞物), 책력(冊曆) 등이었다.

3. 노정(路程)

이 작품에 나타난 노정을 잠잔 곳과 요처만 보이면, 다음과 같

---

5) "(전략)元帝之所捨施皇明高皇帝之所興歎域外蠻夷之所瞻仰蓋出於聞風欽艶而處海外窮僻之鄕騁天下雄奇之名靈眞窟宅瓊瑤洞天則是固人人所願見而我東人生於山下終身不見此何以異於生居東魯不見宣聖乎余亦有志者久而迄未一往只取前輩遊錄以寄神想而已(하략)" <遲庵先生文集> 卷 4, 葉 2.

다.

(1791. 3) 28. 혜화문을 나섬-양주 고주천(古州川)-29. 가신리(加莘里)-30. 양문역(楊門驛)-4. 1. 백운루(白雲樓)-2. 지포(芝浦)-3. 역촌(驛村)-4. 정자연(亭子淵)-5. 생창역(生昌驛)-6. 김성(金城) 고순태가(高順泰家)-7. 통구창점(通溝倉店)-8. 신원(新院)-9. 장안사(長安寺)-11. 지장암(地藏庵)-백천동(百川洞)-업경대(業鏡臺)-황천강(黃泉江)-지옥문(地獄門)-영원암(靈源庵)-삼불암(三佛庵)-백화암(白華庵)-표훈사(表訓寺)-13. 원통암(圓通庵)-수미탑(須彌塔)-헐성루(歇惺樓)-표훈사-15. 보덕굴(普德窟)-마하연(摩訶衍)-만회암(萬灰庵)-정양사(正陽寺)-16. 묘길상지(妙吉祥址)-불지암(佛知庵)-유점사(楡岾寺)-17. 경고촌(京庫村)-18. 발연사(鉢淵寺)-20. 온정(溫井)-나점(蘿店)-신계(新溪)-21. 구룡연(九龍淵)-옥류동(玉流洞)-장진(長津)-22. 운암점(雲巖店)-23. 통천(通川)-24. 흡곡현(歙谷縣)-25. 시중대(侍中臺)-흡곡현아-27. 총석정(叢石亭)-풍계서원(楓溪書院)-28. 통천-남애(南厓)-29. -양진역(養珍驛)-몽천사(夢泉寺)-삼일포(三日浦)-사선정(四仙亭)-몽천사-30. 고성-해산정(海山亭)-점사(店舍)-5. 1. 입석진(立石津)-군옥대(群玉臺)-해금강(海金剛)-칠성봉(七星峯)-점사(店舍)-2. 영랑호(永郎湖)-현종암(懸鍾巖)-감호(鑑湖)-비래정(飛來亭)-석진(席津)-명파역(明波驛)-대금진(大金津)-4. 화진호(花津湖)-영월루(暎月樓)-오리진(梧里津)-5. 교암진(橋巖津)-청간정(淸澗亭)-낙산사(洛山寺)-6. 관음굴-7. 강선대(降仙臺)-신흥사(新興寺)-천후대석(天吼大石)-염조굴(念祖窟)-동석(動石)-극락암(極樂庵)-8. 비선대(飛仙臺)-와선대(臥仙臺)-극락암-백담사(百潭寺)-9. 황룡담-사미암(沙彌庵)-영시암(永矢庵)-만경대(萬景臺)-오세암(五歲庵)-10. 봉정암(鳳頂庵)-영시암-11. 한계폭(寒溪瀑)-옥류동-원통점-12. 인제현(麟蹄縣)-14. 가화리(加禾里)-

수곡점(水谷店) - 15. 청평동(淸平洞) - 이역가(李櫟家) - 16. 이목가(李檏家) - 소양정(昭陽亭) - 춘천읍 - 17. 안보역(安保驛) - 18. 황사곡(黃沙谷)이정언종영가(李正言宗榮家) - 19. 녹동(鹿洞) 김철경가(金哲慶家) - 20. 사릉전촌(思陵前村) 우성가(禹姓家) - 21. 경산(京山) - 망우리 - 전교(箭郊) - 남성(南城)으로 되어 있으니, 날짜는 서울 출발에서 서울 귀환까지만 55일이 걸렸다. 오간 길의 이수(里數)는 구체적인 언급이 없어서 알 수가 없다.

4. 견문(見聞)

(1) 본 것

지은이는 먼저 영평(永平) 지역에 이르러 이른바 "영평팔경"이라는 아름다운 자연 경치를 구경하였다. 지은이는 금강산을 향하여 가면서 철원, 김화, 금성을 지나는 중에 아기자기하게 아름다운 경치로 백로주(白鷺洲), 금수정(金水亭), 창옥병(蒼玉屛), 화적연(禾積淵), 삼부연(三釜淵), 적운협(積雲峽), 창랑정(滄浪亭), 피금정(披襟亭) 등의 승경(勝景)을 구경하기도 하고, 용주(龍洲) 조경(趙絅 : 1586~1669)과 한음(漢陰) 이덕형(李德馨 : 1561~1613)의 위패와 영정을 모신 용주서원(龍洲書院)과 사암(思庵) 박순(朴淳 : 1523~1589)의 위패와 영정을 모신 옥병서원(玉屛書院)을 심알(尋謁)하기도 하고, 통천(通川)에서는 한강(寒岡) 정구(鄭逑 : 1543~1620)의 위패와 영정을 모신 사당이 있는 풍계서원(楓溪書院)과 그 옆에 붙어 있는 정렬사(貞烈祠)에 들려 세종(世宗) 때에 남으로 대마도(對馬島)를 정벌하고, 북으로 만주(滿洲)의 야인(野人)을 무찌른 조선 초기 맹장 최윤덕(崔潤德)의 위패와 영정을 뵙고 정중히 인사를 올리기도 하고, 고성에서는 효자 황신원(黃信元)의 효자비(孝子碑)를 구경하고 감동하기도 하였다. 특히 고전자(古篆

字)를 잘 썼던 서예가(書藝家)인 지은이 지암(遲庵)은 금수정과 창옥병에서 석봉(石峯) 한호(韓濩 : 1543~1605), 봉래(蓬萊) 양사언(楊士彦 : 1531~1584), 옥동(玉洞) 이서(李漵 : 1662~1723), 명나라 사신으로 조선에 나왔던 주지번(朱之蕃) 등이 여기저기 바위에 새겨 놓은 글귀와 글씨를 구경하기도 하고, 무릉도원(武陵桃源)이라고 할만큼 선인촌(仙人村)인 용화촌(龍華村)에서는 조선 중엽의 의적(義賊)으로 유명하였던 임거정(林巨正)의 웅거지를 보기도 하였다.

또 금강산에 들어가서는 내산으로 들어가면 갈수록 지난 날 지은이가 지리산을 구경하면서 참으로 거대한 명산이라고 느꼈던 그 생각이 오히려 그 산은 별것이 아니었구나 싶은 마음으로 바뀌면서 이 풍악산이야말로 신선들만이 산다는 신선산임을 거듭 확인하면서 감탄하였다. 장안사에서는 원나라 순제(順帝)가 장안사를 중수시키고 무진등(無盡燈), 목각경함(木刻經函), 구리 향로[銅香爐] 등을 보시하였는데, 지금은 다 잃어버리고, 오직 구리 향로만 남아 있다는 그 향로를 구경하기도 하고, 표훈사(表訓寺)에서는 세조(世祖)께서 성수(性修) 스님께 내려 주신 세조대왕 친필의 편지와 비단에 용을 그린 부채인 용금화선(龍錦畵扇)과 "표훈사기(表訓寺記)"를 구경하기도 하고, 만폭동 입구에서는 큰 너럭바위 위에 무수한 사람들이 제각각 제명하여 빤한 틈이 없지만, 양봉래의 "봉래풍악원화동천(蓬萊楓嶽元化洞天)"의 여덟 글자는 큰 붓으로 비질하듯 써서 깊게 파서 새겼기에 다른 글자들은 거의 마모되어 알아 볼 수 없으나, 이 글씨만은 천고에 이름을 남겨 후인들이 즐길 수 있게 하니, 선옹(仙翁)의 유필에서 배울 점이 많음을 깨닫기도 하였다. 유점사(楡岾寺)에서는 세조(世祖)께서 내려 주셨다는 앵무배(鸚鵡盃)와 인디아 출신 스님 지공(指空)이 썼다는 금자경(金字經), 인목대비 김씨(仁穆大妃金氏 : 1584

~1632)가 서궁(西宮)에 갇혀 있을 때에 손수 썼다는 은자경(銀字經), 인디아에서 보내 왔다는 패엽경(貝葉經), 정명공주(貞明公主)가 직접 베꼈다는 묵자경(墨字經)들을 구경하기도 하였다. 신계사(新溪寺)에서는 그 절이 정조대왕(正祖大王)의 생부인 사도세자(思悼世子: 1735~1762)의 원당(願堂)이 된 것을 직접 보고 알았으며, 마하연(摩訶衍)에서는 정조비(正祖妃)가 궁인들을 보내어 궁내 왕족(王族)들의 안녕과 나라의 번영(繁榮)을 비는 기도회를 드리고 있는 것을 직접 보기도 하였다.

그리고 설악산(雪嶽山)에 이르러는 천후대석(天吼大石)과 동석(動石)을 보고 신기하여 하기도 하고, 오세암(五歲庵)에서는 청한자(清寒子) 김시습(金時習: 1435~1493)의 영정을 뵙고는 마주 앉아서 진세간(塵世間)의 일들에 관하여 문답하는 듯함을 느끼기도 하였다. 인제(麟蹄)에서는 합강정(合江亭)에서 현감 진택(震澤) 신광하(申光河: 1729~ ?)가 출타중이므로 책방 도령인 성주(城主)의 아들 기명(幾明)에게 지은이의 일행을 스스로 "후래사선(後來四仙)"이라고 소개하면서 불러내어 인제의 관아(官衙) 기생들 4~5인과 질탕히 놀기도 하였다. 이 때에 어린 관기들이 부르는 관동곡(關東曲) 2~3수를 듣기도 하고, 한시를 각각 1수씩 짓기도 하면서 관동지방의 순후한 인심과 아름다운 자연 경관을 마음껏 눈요기하였음을 뽐내기도 하였다.

(2) 들은 것

지은이는 50여일간의 긴 여행을 통하여 많은 것을 직접 자기의 두 눈으로 보고 체험도 하였지만, 또한 많은 새로운 사실들을 다른 사람들의 입을 통하여 들어서 얻은 경험도 있었다.

1) 삼부락(三釜落): 지은이가 삼부연에서 못과 폭포를 구경하

는데, 그 고장 사람들이 삼부연 폭포를 "삼부락(三釜落)"이라고 하였다. 폭포를 "낙(落)"이라고 하는 것은 곧 맥족(貊族)의 방언이라고 하였다.

2) 산하민과 교군역(轎軍役) : 지은이의 일행이 단발령(斷髮嶺)의 아래에 있는 마류촌(瑪瑠村)에 이르렀을 때에 가마꾼들이 횃불을 켜 들고 이미 대령하고 있었다. 이것은 어제 금성군수(金城郡守) 정동보(鄭東輔)가 전령을 보내어 이 손님들을 잘 모시도록 당부를 하였기 때문이다. 이 풍악산 밑에 사는 사람들은 조정에서 영(嶺)의 동서 백성들이 교군으로 시달리는 폐가 심함을 마음 아프게 생각하여 가마 메는 일 이외에는 어떤 부역도 시키지 않도록 하였기 때문에 이 산 밑에 사는 사람들은 농사철의 바쁜 때만 아니면 기꺼이 가마를 메고, 그 괴로움을 불평하지 않는다는 것이다.

3) 구룡연(九龍淵) : 지은이는 은선대(隱仙臺)에서 내려 오다가 축수굴(祝壽窟)을 지나 상암(裳巖)에 이르니, 바위 밑에 아홉개의 돌확으로 된 웅덩이가 있는데, 그에 관한 사연으로, 유점사를 지을 때에 용들이 살고 있는 못을 메우고 그 위에 유점사를 지었으므로, 갑자기 집을 잃은 용들이 이 못으로 옮겨 와 잠시 한 마리씩 구덩이를 차지하고 잠겨 있다가 구정봉(九井峯) 너머 구룡연으로 숨어 버렸다는 이야기를 듣는다.

4) 유점사사적기(楡岾寺寺跡記) : 지은이는 유점사에서 스님이 고려 말엽의 문장가인 민지(閔漬 : 1248~1326)가 지은 사적기를 보여 주므로 이 사적기를 보고, "민지는 글을 하는 사람으로 깨끗한 이름이 훌륭한 시문으로 한 시대에 많은 사람들로부터 추중되었는데, 이제 그가 쓴 사적기를 보니, 불

교의 거짓말을 철저히 믿었었나보다."⁶⁾라고 전대의 선비를 못마땅히 생각하면서 사적기에 나타난 유점사 창건연기담 (創建緣起譚)의 여러 전설들을 믿지 않으려 하였다.

5) 만물초(萬物草) : 지은이는 만물초를 구경하려고 유점사 중들이 메는 가마를 타고 올라갔는데, 물형이 없으므로 인도하는 스님에게 "사물의 형태를 한 것이 어디에 있소?"하고 물으니, 그 스님의 대답이 "이것이 어찌 만물초입니까? 수십년 전에 유점사의 중과 신계사의 중들이 길을 잃고 서로 꾸짖으며 싸우다가 유점사 중이 신계사 중에게 '구룡연으로 가마를 메고 가는 길이 어려워 신계사에는 큰 일인데, 혹시 그 위에 한 가지를 더하면, 신계사가 망하는 것을 내가 볼 것이다.' 하고는 급히 유점사에 머물고 있는 서울에서 온 높은 벼슬아치에게 '온정령(溫井嶺) 아래에 만물초가 있습니다.' 하여 그 거짓말이 사방으로 퍼져서 유람객들이 몰려들어 과연 신계사에 한 가지 일이 더하여지게 되었습니다." 하더라는 사실을 <해산록>에서 밝히고 있다. 이 이야기는 다른 금강산 기행록에는 없는 이야기이다. 또 만물초가 실재하지 않음을 증명하는 다른 이야기로 아래와 같은 사실을 첨가하여 주고도 있다. 몇 년 전에 회양부사 이동형(李東馨 : 1734~ ?)이 기이한 일과 놀기를 좋아하여 만물초를 끝까지 찾아 보기 위하여 의관을 벗어 던지고, 관가 하인들과 중들을 데리고 온 산을 헤매어 5일간을 끼니를 굶기도 하고, 노숙도 하며 찾았으나, 결국 찾지 못하고 말았다는 것이다.

---

6) "閔漬文章士也淸名雅韻爲一代推重而今觀所記酷信浮屠幻說" (<海山錄>, 4월 17일조)

6) 민백흥(閔百興)의 도로 정비 : 지은이는 신계사 뒤편 용연(龍淵) 근처 비봉폭포(飛鳳瀑布)를 찾아 가다가, 매우 험한 길을 몇 십년 전 당시의 강원감사(江原監司)였던 민백흥(閔百興 : 1655~ ?)이 이곳 험한 산에 길을 뚫고, 가로쇠 나무로 위험한 곳에는 길을 보수하여 놓아서 지금은 할머니와 어린 아이들까지도 편안하게 다닐 수 있게 하였다는 이야기를 들었다.

7) 시중대(侍中臺) : 흡곡현(歙谷縣)에서 북으로 조그만 재를 넘어 5리쯤 바닷가로 가니, 시중대가 있는데, 강릉(江陵) 경포대(鏡浦臺)보다도 더 훌륭한 경치였다. 이 이름은 옛날 상당부원군(上黨府院君) 한명회(韓明澮 : 1415~1487)가 이 대에 올랐다가 병조판서가 되었고, 다시 영의정에까지 배명(拜命)되었기 때문에 사람들이 이 대를 시중대라고 불렀다는 것이다.

8) 삼일포(三日浦) : 신라 화랑인 술랑(述郎), 영랑(永郎), 안상(安詳), 남석행(南石行) 등 네 사람이 관동지방을 두루 놀 때에 이 못에서 삼일이나 묵었기 때문에 삼일포와 사선정(四仙亭)이라는 이름을 얻게 되었다는 사실에 관하여 지은이는 들은 대로 언급하고 있다.

9) 매향비(埋香碑) : 지은이는 고려 현종(顯宗 : 재위 991~1031) 때의 강릉도 존무사(江陵道存撫使) 김천호(金天晧)와 영동 여러 읍들의 수령들과 스님 지여(志如)가 향목(香木)을 바닷가 미륵(彌勒)이라고 하는 주저(洲渚)에 끌어 묻고, 비를 세워 미륵매향비(彌勒埋香碑)라고 한다는 사실을 들은 대로 언급하고, 황당한 짓이라는 촌평을 가하고 있다.

10) 비래정(飛來亭) : 지은이는 해금강에서 감호(鑑湖) 북편 언덕

에 있는 양봉래(楊蓬萊)의 정자를 보고는 일찍이 자기가 읽은 선배들의 기행록에서 비래정에 얽힌 일화를 회상하여 "양봉래가 감호에 정자를 지은 뒤 단사결(丹砂訣)을 짓고, 큰 글씨로 '비래정(飛來亭)'을 써서 벽 위에 걸었다. 하루는 바람이 불면서 '비(飛)'자를 휘말아서 수직으로 하늘 위로 날아 올라 사라져 버려 어디로 갔는지 알 수 없게 되었는데, 그 날이 바로 양봉래가 졸한 날이었으니, 양봉래의 일생 정신력이 모두 이 '비(飛)'자에만 쏟아져 있었기 때문에 그가 졸하니까 그 정신이 모두 흩어져 사라지면서 그 글자도 같이 흩어져 버렸다는 것이다."라고 기록하고 있다.7)

11) 낙산사 사적기(洛山寺寺跡記) : 지은이는 낙산사에서 그 사적기를 보고 그 창사 연기담을 소개한 뒤에 조선 태조 이성계의 할아버지인 익조(翼祖)와 정숙왕후(貞淑王后)가 이 절에 와서 빌고 도조(度祖)를 낳아서 태조가 봄과 가을로 3일씩 재(齋)를 올렸으며, 세조는 친히 이 절에 행행하시어 전토(田土)와 노비들을 후히 내려 줄 뿐 아니라 전각들도 새로 지어 주셨다고 한다는 말을 들은 것으로 기록하고 있다.

12) 설악 산중사(雪嶽山中事) : 지은이는 설악산 오세암(五歲庵)에서 솔잎과 물만 먹고 살며 혼자 암자를 지키고 있는 스님을 보고 설악산 산 속의 일에 관하여 물어 보았더니, "이 산은 관동의 여러 산들 중에서 가장 깊어서 8월이면, 눈이 내리기 시작하고, 3월이라야 비로소 눈이 녹기 때문에 눈으

---

7) "余嘗見先輩所記楊蓬萊構亭於鑑湖作丹砂訣大書飛來亭揭壁上一日風捲飛字直上青冥不知卽蓬萊化去日也楊之一生精神在飛字及氣散也與之俱散云" (<海山錄>, 5월 초2일조)

로 이름하게 되었으며, 때로는 큰 눈으로 인하여 골짜기가 서로 막혀 오도 가도 못하다가 겨울이 지나 봄이 되면, 봉정암(鳳頂庵)의 스님들이 굶어서 앉은 채로 열반한 일도 있습니다." 하더라는 이야기를 기록하고 있다.

(3) 느낀 것
1) 처세술(處世術) : 지은이는 서울을 출발하기에 앞서 망년우(忘年友)로 대하여 주던 번암(樊巖) 채제공(蔡濟恭)에게 고별 인사를 갔다가 여러 가지 선물을 받고 그의 노련한 처세술에 감동하고 있다.8)
2) 장안사의 기관(奇觀) : 지은이는 장안사(長安寺) 경내에 이르러 그 주위 경치를 구경하고, "붓으로는 그것을 흉내 내어 그려내기가 어렵다. 선배들의 많은 유록(遊錄)을 보았지만, 아직까지 이렇게 기이한 경치를 칭찬하여 말한 것을 못 보았으니, 그 이유가 무엇일까?"라고 감탄하였다.9)
3) 영원동의 기관 : 지은이는 영원암(靈源庵)이 있는 영원동에서 놀라운 경치를 두루 구경하고, "천태산(天台山)의 적성(赤城)과 하표(霞標)인들 이를 당하여 내겠는가? 암자에 들어가 다락에 앉아서 그윽하고도 아름다우며 조용한 경치를 내다보고 있으니, 아무튼 사람이 사는 세계가 아니었다. 이 산을 이야기하는 사람들이 이 암자로써 이 산에서 제일 경치가 뛰어난 곳이라고 하는 것이 망녕된 소리가 아니었다."고 기록하고 있다.10)

---

8) "樊巖蔡相公送酒壺藥丸饌物紙束簡牒要路贐之又送數十件曆書備僻鄕要用之資其老鍊世事如此"(<海山錄>, 3월 27일조)
9) "難以畵筆模之也多見前人遊錄未嘗稱說此奇何也"(<海山錄>, 4월 9일조)
10) "入坐庵軒幽夐淸淨儘非人境譚山者以此庵爲第一勝區非妄也" (<海山錄>,

4) 양봉래의 필적(筆跡) : 지은이는 만폭동(萬瀑洞) 입구의 큰 반석 위에 양봉래가 쓴 "봉래풍악원화동천(蓬萊楓嶽元化洞天)"의 8대자를 보고, "오로지 봉래의 글씨만이 천고에 이름을 남겨서 뒷사람들이 사랑하여 즐기고 있으니, 어찌 신선 노인들이 남긴 붓글씨밭에 높은 이름과 훌륭한 글씨를 남겨 이름있는 산에 더욱 뛰어난 경치가 되게 한 것이 아니겠는가? 선비는 마땅히 그 실속이 있어야 한다. 그러면, 그 이름이 우주와 함께 끝없이 남을 수 있는 것이 어찌 오직 붓글씨의 조그만 재주뿐이겠는가?"라고 유학자다운 자기의 느낌을 피력하기도 하였다.11)

5) 헐성루의 진경(眞景) : 지은이는 헐성루(歇惺樓)에 앉아서 팔방을 둘러보며, 금강산의 뛰어난 경치를 두루 살피면서 그 느낌을 이렇게 말하고 있다. "천하 명산을 오악으로 으뜸을 삼는다. (중략)중국인 중에서 일과 기이한 것들을 좋아하는 사람으로 그윽한 것과 기이한 것을 찾아내어 저술하여 자세히 기록하여 놓았지만, 이 산처럼 웅대하고도 기괴한 것은 아직 읽어 보지 못하였다. 혹시 종소문(宗少文)이나 서하객(徐霞客)이 한 번 이 산을 구경할 수 있었다면, 그 성가와 이름이 오악보다 뛰어남이 널리 알려질 수 있었을 것이다."라고 하였다.12)

6) 보덕굴과 덕녕공주 : 지은이는 보덕굴(普德窟)에 올라가 대

4월 11일조)
11) "獨蓬萊之筆千古流名爲後人之愛玩豈不以仙翁遺蠋筆苑高名留作名山勝蹟耶士當有其實則有其名與宇宙而無窮其獨筆之小技哉" (<海山錄>, 4월 13일조)
12) "天下名山五嶽爲宗(중략)以中國人之好事好奇探幽剔奇記載纖悉而未聞雄大奇怪如此山也倘得宗少文徐霞客一遊登覽則其聲價名聞直壓五嶽而上之也" (<海山錄>, 4월 13일조)

상의 작은 탑에 기록된 "고려 인종 사촌 누이 덕녕궁공주(德寧宮公主)가 세운 것이라"는 글귀를 보고, 자기 느낌을 밝히기를, "공주는 인종의 짝이 되어 더러운 행실을 많이 하여 사람들의 귀를 막게 하였으며, 또 권세를 팔고 왕의 총애를 믿고 위엄과 복을 펼 수 있었으니, 부처님이 만약 앎이 있다면, 어찌 저승에서 편히 지낼 수 있도록 그냥 두겠는가?"라고 하여 고려 왕실의 근친혼 제도를 간접적으로 나무라기도 하였다.13)

7) 허탄한 노승의 말 : 지은이는 만회암(萬灰庵)에 이르러 이미 비어 있은 지 오래 된 만회암에 어떤 노승이 새로 와서 집 안팎을 쓸고 닦고 하면서 오래 머물 계획이었으나, 탁상에 부처님도 모셔 놓지 않았고, 탱화(幀畵)도 없어서 이유를 물어 보았더니, 스님이 두손으로 깍지손[叉手]을 하고 대답하기를, "암자의 앞에 하나하나 서 있는 돌들이 모두 참 부처님이시니, 여기서 우러러 예를 드리면 되는데, 무엇하려고 불상(佛像)이나 탱화를 쓰겠습니까?" 하는데, 그 말이 허탄하기가 심하게 느껴졌다는 것이다.14) 이것은 곧 지은이가 불교를 불신할 뿐 아니라, 소극적으로나마 배척하였다는 사실을 전하여 주는 증거라고 풀이된다.

8) 해금강의 절경 : 지은이는 해금강의 아름다운 경치를 보고, 바다에서 뱃놀이까지 즐기고는 "우리들이 나이 50이 넘어서 처음으로 신선 세계에서 놀아 자잘한 세속의 티끌에 막힌 가슴을 이렇게 시원히 씻어내게 되었으니, 어찌 다행한 일

---

13) "高麗仁宗從妹德寧宮公主所築也公主作配於仁宗醜穢之行令人掩耳且沽勢怙寵能張威福佛若有知豈肯冥佑乎" (<海山錄>, 4월 15일조)
14) "庵前立之石皆眞佛瞻禮於斯安用佛幀言之虛誕甚矣" (<海山錄>, 4월 15일조)

이 아니겠는가?"라고 탄상하고 있다.15) 이것은 지은이가 철저히 금강산을 풍악산이라고 부르며, 불교적 냄새가 짙은 금강산이라는 말을 기피하다가 고성(高城)에 이르러 해산정(海山亭)에 올라서는 스스로 해금강(海金剛)이라는 말을 여러 차례 되풀이하여 사용하고 있는 점으로 볼 때에 지은이는 척불 의식이 강하였을 뿐 아니라, 해금강의 경치를 내외의 풍악산 경치보다 더 우월하게 보았기 때문에 본인도 모르는 사이에 불교 용어인 금강(金剛)이라는 말을 붙여 해금강이라 부른 것으로 풀이된다.

(4) 만난 사람

지은이는 풍악산 여행에 동행한 사람들을 제외하고, 여행 도중에서 만나 새로이 알게 된 사람들이 많이 있다. 이들은 알지 못하는 중에 지은이에게 물질적으로나, 정신적으로나 감화감동을 준 사람들이다. 이러한 교유관계는 지은이가 여행을 하지 않았으면, 경험 또는 체험할 수 없었던 일들이다. 풍악산이라는 신령스러운 산을 구경하는 과정에서 얻은 경험이기에 이 경험은 이후의 지은이에게 많은 교양의 확대가 되었을 것이다.

1) 허만(許晩) : 호를 승암(勝庵)이라고 하는데, 호방하여 풍악산을 3회나 다녀왔고, 지은이 일행이 풍악산에 들어 간다는 소문을 듣고 자기가 안내도 할 겸 같이 또 가고 싶다고 하여 동행하기로 하였던 사람. 갑자기 돌림병에 걸려 그 아들 질(瓆)을 보내어 못가게 된 것을 깊이 사과하면서 아들로 하여금 주연을 베풀어 지은이의 일행을 대접하게 하였다.

2) 조관기(趙觀基) : 박학 능문(博學能文)의 선비로 용주서원(龍

---

15) "吾輩也年踰半百始爲仙窟之遊而芥滯胸懷自此豁然豈非幸耶"(<海山錄>, 5월 1일조)

洲書院)의 주인. 예의를 갖추어 성대히 지은이 일행을 맞이하여 대접하였다.
3) 조영보(趙永寶) : 자를 이옥(爾玉)이라고 하며, 돌모루마을 [石隅村]에 사는 선비. 송천(松川) 조정옥(趙鼎玉)의 후손. 정성스레 지은이 일행을 맞이하여 대접하고, 지은이에게 간청하여 고전자(古篆字) 글씨를 여러 폭 받기도 하고, 용주서원으로 지은이의 일행을 안내하기도 하였다.
4) 김인수(金仁守) : 고학사(故學士) 김경보(金경甫)의 후손. 영평팔경(永平八景)의 하나인 금수정(金水亭) 주인. 지은이는 김인수의 종형인 사열(士悅) 학인(學仁) 형제와도 같이 만나서 구경을 함께 하며, 식사 대접을 받기도 하였다. 여기서 사열의 이웃에 산다는 서울 사람 이효성(李孝成)도 만나 같이 즐거운 시간을 보내었고, 이들의 간청으로 지은이는 고전 대자를 써 주기도 하였다.
5) 황기경(黃基慶) : 호를 월담(月潭)이라고 하는 황근중(黃謹中 : 1560~1633, 강원도 관찰사를 지냈음)의 후손인 선비. 지은이의 일행은 그 종제 기면(基勉)도 같이 만나서 이야기를 나누며 그 집에서 하룻밤을 보내었으며, 주인의 간청으로 지은이가 고전 대자를 써 주기도 하였다.
6) 홍익렬(洪益烈) : 김화현감으로 지은이의 일행을 친절히 대접하여 시짓기를 같이 하기도 하고, 2 꾸러미의 돈과 2 되의 쌀, 콩 2 말, 꿀 2 말, 5 되의 미싯가루, 쇠고기 육포 2 첩, 남초 2 근, 종이 2 속 등의 이별 선물까지를 지은이 일행에게 주었다.
7) 정동보(鄭東輔) : 금성(金城) 군수로 지은이 일행들에게 각별한 배려를 하여 단발령고개를 남여꾼들에게 모시도록 명을 내려 지은이의 일행들이 편히 구경할 수 있었다.

8) 한만유(韓晩裕) : 회양부사로 지은이 일행들과 시를 교환하기도 하고, 여행에 편의를 제공하여 주었다.

9) 정재운(丁載運) : 자를 경행(景行)이라고 하는 흡곡현령인데, 지은이 일행을 맞이하여 맛있는 음식으로 대접할 뿐만 아니라 시중대(侍中臺)에서 같이 놀면서 시짓기를 하여 제첨(題簽) 게판(揭板)하기도 하고, 8 꾸러미의 돈과 쌀 3 말, 콩 2 말, 꿀 2 되, 미싯가루 5 되, 남초 2 근, 종이 2 속, 반찬 2 그릇, 마른 어물 3 쾌, 불 켤 초 30 자루 등을 총석정에서 이별 선물로 지은이와 그 일행들에게 주기도 하였다.

10) 노중경(盧重慶) : 양양(襄陽)에 사는 훌륭한 선비. 지은이와는 어렸을 때의 친구. 지은이는 그 집으로 찾아가 큰 전자 글씨 10 여장을 써 주었다.

11) 신대년(申大年 : 1731~ ?) : 자를 자수(子壽)라고 하며, 1774년 증광 문과에 을과로 급제하여 벼슬살이하다가 양양군수로 있을 때에 지은이의 일행들에게 쌀 3 말, 바닷고기 1 묶음, 미역 2 묶음 등을 이별 선물로 주었다. 그리고 신흥사 중들에게 지은이와 그 일행을 남여로 잘 모실 것을 당부하기도 하였다.

12) 운석(韻釋) : 설악산 극락암(極樂庵)에 고승들이 많았는데, 그 중에서 운석(韻釋)은 담소 토론할 만한 사람이었다.

13) 신기명(申幾明) : 인제현령 신광하(申光河 : 1729~ ?, 石北 申光洙의 아우, 1792년 식년문과 급제)의 아들. 현령이 마침 관서지방에 여행 중이라서 지은이는 그 아들 기명에게 편지를 내어 후한 대접을 받고, 어린 기생 4. 5인을 데리고 술과 안주를 마련하여 합강정(合江亭) 뱃놀이를 하면서 질탕히 즐기면서 신선 흉내를 내었다. 이별할 때에는 지은이의 일행들이 기명에게서 돈 4 꾸러미와 쌀 2 말, 콩 2 말,

남초 2 근을 받았다.
14) 이역(李櫟) : 지퇴당(知退堂) 이정형(李廷馨 : 1548~1607, 경기도 관찰사를 지냄)의 후손으로 지은이 일행이 그 집에서 잤다.
15) 이목(李棨) : 지퇴당의 후손. 재주가 귀신 같다고 소문이 나 있으나 조정에서는 뽑아주지 않아서 뜻을 이루지 못한 사람. 지은이의 일행들은 이 사람의 집에서 점심 대접을 받았다.
16) 성언림(成彦林) : 가평현령. 지은이의 일행에게 관후한 대접을 하여 주었다.
17) 장지원(張趾源) : 자는 사준(士濬), 지은이와 평소 친구로, 현령과 같이 와서 이야기하며 밤을 보내었다.
18) 이종영(李宗榮 : 1723~ ?) : 자는 인길(仁吉), 1759년 식년 문과에 급제하여 정언 벼슬을 지냈는데, 지은이의 일행이 이 집에서 하룻밤을 지내었다.
19) 김철경(金哲慶) : 지은이의 일행인 최홍진이 아는 사람.
20) 유맹환(兪孟煥) : 자는 순옥(舜玉)인데, 지은이의 일행이 5월 19일 잠잔 집 주인의 종형이다.
21) 우성모(禹成謨) : 지은이의 일행인 우경모의 종형. 사릉참봉(思陵參奉)으로 사릉리에 살아서 지은이의 일행이 하루를 쉬었다.

지은이는 이상과 같은 여러 사람들을 만나서 평소에 인간교우의 폭이 넓었음을 엿볼 수 있게 하여 주고 있다.

(5) 얻은 것
여기서 말하는 "얻은 것"이란 물질적인 소득을 의미함이 아니고, 정신적 교양의 확대로서의 얻은 것을 뜻한다.

지은이는 풍악산 여행 이전에는 막연히 중국인들도 금강산을
보기를 소망하는데, 하물며 그 산밑에 태어나서도 한번 직접 구
경 못함은 너무도 어리석다고 생각하였다. 그리고 여러 선배님들
이 남겨 놓으신 풍악산 유록들을 섭렵하여 약간의 기초 지식을
준비하였던 것뿐이었다. 그러나 이 풍악행을 마친 뒤에 그는 오
늘날에 내 놓아도 손색이 없을 한편의 "풍악총론(楓嶽總論)"이라
는 논문을 저술하였다. 지은이가 이번 풍악행의 기행을 통하여
얻은 큰 소득은 바로 이 논문 1편의 저술이라고 하여도 무방할
것이다. 지은이는 이 "풍악총론"에서 자기가 직접 보고 느낀 금
강산의 진수에 관하여 이렇게 요약 정리하여 언급하고 있다.

　　(풍악산은) 각각 나름대로의 뛰어난 점이 아울러 모여서 한
　산을 이루었다. 여덟 가지 맛있는 음식으로 배를 불리고, 궁(宮),
　상(商), 각(角), 치(徵), 우(羽) 다섯 소리로 귀를 가득 채웠다. 그
　러나 이 금강산에 있어서의 나는 말할 수 없이 작은 한 알의 좁
　쌀 같은 몸일 뿐이다. 한 톨의 좁쌀 위에 뚫어진 바늘구멍 같은
　작은 눈과 남에게는 보이지도 않는 마음만으로 그 큰 것을 감상
　하였고, 그 기이함을 구경하였다.16)

지은이는 맛있는 음식과 황홀한 음악으로 풍악산의 구경거리
를 비유하고, 아주 보잘 것 없는 자기의 눈과 마음으로 그 훌륭
한 자연의 뛰어난 경치를 구경하여 얻은 것이 많음을 강조하고
있다. 또 그는 말로만 들을 때에는 풍악산에 108 암자가 있다고
하였으나, 스스로 확인하여 본 결과는 그렇게 많지 않았다고 다
음과 같이 확인시켜 주고 있다.

---

16) "各以所長幷集一山如八珍之充腸五音之盈耳而吾於此間眇眇一粟之身耳以
　　一粟上針孔之眼無形之心賞其大賞其奇" (<遲庵先生文集> 卷 4, 葉 53.)

신라와 고려에서 조선 중엽에 이르기까지 크고 작은 절간들이 안팎 금강산에 가득 차게 있어서 108 사찰이라고 하나, 내가 듣고 본 것들을 헤아려 보면, 내산은 장안동에 (중략) 13 암자가 있고, 표훈동에 (중략) 12 암이 있고, 원통동에 (중략) 5 암이 있고, 백천동에 (중략) 4 암이 있고, 만폭동에 (중략) 5 암이 있고, 만폭동 위에 (중략) 9 암이 있고, 외산에는 유점동에 (중략) 10 암이 있고, 대장동에 (중략) 11 암이 있고, 발연동에 (중략) 3 암이 있고, 신계동에 (중략) 5 암이 있다.[17]

고 하여 모두 76개 사찰밖에 없음을 밝히면서 지은이의 해박한 지식과 뛰어난 탐구력을 과시하고 있다. 또 지은이는 금강산을 직접 보고 나서 평가하기를 다음과 같이 반어적 설의법으로 불국토처럼 된 것을 불평하고 있다.

　이 산의 천개 바위나 만개의 돌들은 모두 조화옹(造化翁)이 한바탕 신나게 놀고 난 놀이극마당이었다. 기이하고 괴상한 형상들은 물건답지 않거나 모자라거나 모양을 갖추지 못한 것이 하나도 없다. 게다가 그 속에 서 있는 것은 서 있는 대로 선 불상 같고, 앉아 있는 것은 앉은 것대로 부처님이 앉아 있는 듯하였다. 어찌 조화옹이 불상만 보았기에 그 부처의 모습만을 본떠서 기이한 재주를 부리기를 좋아하였겠는가? 어찌하여 부처가 살아나는 이치가 산석과 같아서 싹이 나듯하며 동시에 그 물형에 따라 그림자가 드리우 듯하는가? 그렇다면, 부처님도 또한 하늘과 땅 사이에 참으로 있는 물형이어서 그 조짐이 천지가 처음 형성될 때에 처음으로 싹이 트던 때부터 있었던 것인가?[18]

---

17) "自羅麗至我國中葉禪庵僧社遍於內外者爲百八而以余見聞計之內山則長安洞有(중략)十三菴表訓洞有(중략)十二菴圓通洞有(중략)四菴萬瀑洞有(중략)五菴萬瀑洞之上有(중략)九菴外山則榆岾洞有(중략)十菴大莊洞有(중략)十一菴鉢淵洞有(중략)三菴新溪洞有(중략)五菴"(앞주의 책, 卷 4, 葉 54~55쪽)

18) "此山之千巖萬石皆造化翁一番戲劇之場也奇詭譎怪之狀無物不肖無形不具

이는 금강산의 무수한 산봉들이나 계곡들이 모두 스님들에 의하여 불교적으로 작명되어 있는 것을 불평한 것이다. 여기서 우리는 지은이가 불교를 배척하면서도 이를 통하여 얻은 바 금강산에 관한 교양과 자연의 오묘함과 위대한 힘에 대한 지적(知的) 확대가 깊고 멀었음을 확인할 수가 있다.

이 금강산 여행을 통하여 지은이가 얻은 가장 값진 소득은 아마도 52 수의 금강산 기행시를 지을 수 있었다는 점일 것이다. 지은이가 그렇게도 보고 싶어 하던 금강산 여행을 떠나면서 그 기쁨을 7언 절구로 표현한 시를 보면, 소풍을 떠나는 어린이의 천진한 모습 그대로이다.

  城皋濃綠暎新桃 성 언덕에 짓푸른 햇복숭아 싱싱한데,
  雨歇平郊旭日高 가랑비 멈춘 뒤에 들판 위로 해가 높다.
  一路遙連蓬海島 멀리 벋은 저 외길 봉래산에 닿았는데,
  與君聯袂不辭勞 그대들과 함께 가니 수고론들 어떠리오?[19]

라고 한 시에서는 여행을 떠나면서 출발의 기쁨을 표출한 그 심경을 엿볼 수가 있다. 또 금강산에 이르러서는 극구 칭찬하던 헐성루에서 지은 7언율시를 보면, 다음과 같다.

  山樓高出白雲岡 산위의 헐성루는 백운보다 높이 솟아
  東望蓬萊坐夕陽 동으로 신선세계 바라보자 해가 지네.
  雄薄海維渾體勢 웅혼과 박약으로 뒤섞인 해악의 세
  冷磨天外競飛揚 차가운 하늘밖서 날기 경주 하듯하네.

  而就中立者類立佛坐者似坐佛是豈造化翁觀佛像象其形以騁好奇之技耶豈生佛之理與山石俱萌共爲形影耶然則佛者亦天地間固有之物而其兆其朕現發於溟涬始芽之時耶"(앞의 책, 卷 4, 葉 55)
[19] 앞의 책, 卷 2, 葉 1, "將爲關東之遊至東大門外口占"

森羅萬象堆瓊玉　빽빽한 만상들이 다 옥으로 된듯하고,
虛廓神光動雪霜　신광이 빈 확의 눈서리에 반짝인다.
自幸吾齊生海國　우리는 이 나라에 난 것이 행복하니,
乘風容易見金剛　바람결 타고 따라 금강산을 쉽게 봤네.[20]

너무도 경치가 황홀하기에 이성에 앞서는 감정으로 불국토로서의 금강산을 부지불식간에 인정하는 발언을 하면서 신선산의 나라에 태어난 행복감을 피력하고 있다. 그리고 금강산 여행을 마치고는 설악산을 구경하고 퇴계원에 이르러 동행 4인이 연작시로 아래와 같이 결미를 꾸미고 있다.

天畔雲霞海嶽深(遲)　하늘가 운하 속에 해악이 깊은데,
芒鞋數月費登臨(沙)　짚신짝 몇달 끌며 힘들여 올랐더니,
吾儕垂老能筋力(沙)　우리들 늙었으나 끝내 풍악 정복했네.
仙侶同遊自古今(白)　신선을 벗삼아서 예부터 같이 놀기
過去風光惟有夢(白)　지난날 풍광들을 꿈에서만 보았네.
近來詩律摠知音(柏)　근래의 시와 음악 누구나 알만하니,
歸裝便覺冷然善(柏)　시원한 이 마음은 오는 길이 더 좋고,
驚喜終南聳翠岑(遲)　짓푸른 남산 보니 놀랍고도 기쁘구료.[21]

라고 하여 지은이는 이 연시의 수미구를 장식하고 있다.

---

20) 앞주의 책, 葉 3.
21) 앞의 책, 葉 9 - 10, "兎院路中聯句"

Ⅳ. 문학사적 가치

1. 한문 수필의 영역 확대

이 작품에는 지은이가 평소에 풍악산에 관한 관심이 높아서 추강(秋江) 남효온(南孝溫)의 "금강산기"와 봉래(蓬萊) 양사언(楊士彦)의 "양봉래사기(楊蓬萊私記)"와 치재(恥齋) 홍인우(洪仁祐)의 "유풍악록(遊楓嶽錄)"과 매계(梅溪) 조우인(曺友仁)의 "관동속별곡" 및 여강옹(驪江翁)의 "동유록" 등의 금강산 기행록들을 많이 읽었음을 알 수 있는데, 필자가 조사하여 정리한 금강산 기행시문 목록에 의하면, 현재 200편이 넘지만, 이 해산록의 지은이가 밝힌 바 "양봉래사기"와 "여강옹동유록"은 아직 들어 보지 못한 작품이다. 따라서 필자는 이 작품을 통하여 양봉래가 지은 산문 기행록이 따로 있었다는 사실을 새로이 알게 되었고, 여강옹의 "동유록"도 앞으로 어디에선가 나오리라고 생각되지만, 아직은 그 내용을 전혀 알 수가 없다. 그래서 필자는 이 "해산록"의 가치를 금강산 기행록의 편수와 "풍악총론"을 통하여 한문 수필의 영역을 확대한 것으로 인정하려 한다.

2. 금강산 기행록의 전형성(典型性)

현재로서는 필자가 보기에 금강산 기행 산문의 뒤나 앞에다가 "풍악총론" 또는 "금강산총론문"[22] 등의 논문을 첨가한 작품으로서의 선례를 남긴 작품 중에서는 최초의 작품이라는 점에서 금

---

[22] 趙秉均, <蓬萊日錄>上(연세대 도서관소장 필사본)과 같은 사람의 <금강녹> (국립중앙도서관소장 필사본)참조.

강산 기행록의 전형성을 보여주는 문학사적 가치가 있다고 보는 것이다. 다시 말하면, 필자가 본 바 현재로서는 이 작품에서 금강산 기행록 이외에 금강산을 내금강, 외금강, 해금강의 3 금강으로 나누기도 하고, "풍악총론"이라는 별도의 글을 지어서 여행자 자신이 목격한 바를 일기 형식의 기행록에 담고서도 남은 견문들을 논의문 곧 주장하는 글의 형식을 빌어서 보충하는 새로운 형식의 기행문을 짓기 시작한 본보기글이 된 사실을 확인할 수가 있기 때문에 이 작품을 문학사적으로 금강산 기행록의 전형성으로서의 가치가 있다고 주장하는 것이다.

V. 맺음말

　이상으로 소략하나마 아직 학계에 널리 알려지지 않은 지암(遲庵) 이동항(李東沆 : 1736~1804)이 지은 금강산 기행록인 "해산록(海山錄)"을 살펴보았다. 그 결과를 요약하는 것으로 맺음말을 대신하려 한다.

① 오늘날 우리들이 말하는 금강산은 그 이름이 여러 가지가 있지만, 현재 전하고 있는 역대 금강산 기행시문들의 글제목들을 점검하여 보면, 불교 신자들의 경우에는 "금강산(金剛山)"이라는 말을 즐겨 썼지만, 유학자들의 경우에는 되도록 "금강산"이라는 이름을 피하여 사용하였으나, 조선 말엽에 이르러는 "금강산"이라는 이름이 자연스럽게 즐겨 사용되었음을 서론부에서 먼저 밝혔다.
② 여기서 살펴본 "해산록"은 그 이름이 척불적(斥佛的) 감정에서 비롯된 것이나, "해(海)"는 "해금강산(海金剛山)"이라는 뜻의 "해"이고, "산(山)"은 "풍악산(楓嶽山)"이라는 뜻임을 짐작하게 되었다.
③ 지은이 이동항은 백불암(百弗庵) 최흥원(崔興遠)과 대산(大山) 이상정(李象靖 : 1710~1781)에게서 학문을 익혀 유학 이론에 조예가 깊었고, 안산(安山) 최서림(崔瑞林)과 미수(眉叟) 허목(許穆 : 1595~1682)을 사숙하여 서예(書藝)에도 명망이 뛰어났던 시골 선비였다.
④ 지은이는 그의 나이 52세 시인 정조 11년(1787) 9월 26일부터 속리산(俗離山)과 덕유산(德裕山)을 여행하고, "유속리산기(遊

俗離山記)"와 "삼동산수기(三洞山水記)"를 지었고, 55세 시인 정조 14년(1790) 3월 28일부터 5월 4일간에는 방장산(方丈山)을 구경하고, "방장유록(方丈遊錄)"을 지었으며, 56세 시인 이듬해(1791)에는 풍악산을 여행하고 이 "해산록"을 저술하였다.

⑤. 지은이의 이번 금강산 여행의 등정 동기는 풍류를 즐기기 위함인 "요풍류(樂風流)"임을 확인하였다.

⑥. 지은이의 이번 여행에 동행한 사람은 친구 2 인과 그 겸종들이었고, 지참한 행장은 3 인이 각기 말 1 필에 종이, 붓, 벼루, 먹, 약품, 책력 등이었음을 밝혔다.

⑦. 지은이가 서울에서 출발하여 풍악산을 다녀온 그 노정은, 혜화문-송우(松隅)-양문역(楊門驛)-영평(永平)-지포(芝浦)-풍전(豊田)-금성(金城)-창도역(昌道驛)-장안사-내금강-외금강-해금강-낙산사-신흥사-백담사-오세암-인제-청평-춘천-안보역(安保驛)-황사곡(黃沙谷)-사릉전촌(思陵前村)-망우리로 귀환한 것을 확인하였다.

⑧. 지은이가 본 것은 서예가답게 한석봉의 글씨와 양봉래(楊蓬萊) 및 주태사(朱太史), 이옥동(李玉洞)의 글씨 등 역대 명필들의 제명(題名)을 눈여겨 보고 감탄하여 마지 않기도 하였고, 또 유점사사적기 같은 글을 읽고는 허탄하다면서 민지(閔漬) 같은 대선배를 책(責)하기도 하였다. 또 내·외 해금강산의 기묘한 경치를 보고는 자연의 오묘한 재간과 솜씨를 감탄하기도 하였다.

⑨. 설악산을 구경하고는 천후봉(天吼峯)과 흔들바위[動石] 및 계조굴(繼祖窟)과 비룡폭포의 신비스런 자연의 힘과 아름다움에 감탄을 거듭하기도 하였다.

⑩. 특히 지은이가 이 기행록의 뒤에 첨가하여 논급하고 있는 "풍악총론(楓嶽總論)"은 현재까지로는 필자가 본 바 최초의

풍악산론으로서의 문학사적 가치가 있다. 이 작품은 한국 한문수필 영역과 금강산문학의 범위를 확대한 점에서의 가치가 있을 뿐 아니라, 조선 후기 금강산 기행록의 전형(典型)이 되었다는 점에서도 그 존재 가치가 귀중하다.
⑪. 지은이는 이 금강산 여행을 통하여 많은 새로운 경험을 쌓기도 하였지만, 한시 52 수를 지을 수 있었던 것도 큰 수확이었음을 필자가 밝혀 보았다.
⑫. 아직도 학계에서 구체적 가치를 인정받지 못하고 있는 미발표 금강산문학 작품들의 발굴 작업이 계속되어야 할 것이고, 또 출판업계에서도 이러한 작업에 적극적인 지원을 아끼지 말아야 할 것이다.

⟨참고문헌⟩

1. 盧思愼외, <新增東國輿地勝覽>, 木活本, 1530.
2. 사회과학력사연구소, <금강산의 력사와 문화>, 평양:과학. 백과사전출판사, 1984.
3. 成海應, <東國名山記>, 사본 국립중앙도서관 소장.
4. 小尾郊一著, 尹壽榮譯, <中國文學 속의 自然觀>, 春川:江原大學校出版部, 1988.
5. 소재영외, <국토기행, 여행과 체험의 문학>, 서울:민족문화문고, 1987.
6. 李崇寧, <韓國의 傳統的 自然觀>, 서울:서울대학교 출판부, 1985.
7. 李覺種, <金剛山勝覽>, 서울:신민사, 1928.
8. 전영률외, <금강산>, 서울:실천문학사, 1989.
9. 崔康賢, <韓國紀行文學硏究>, 서울:一志社, 1981.
10. 崔承洵, <江原文化論叢>, 春川:江原大學校出版部, 1989.
11. 韓丙鎬, <金剛詩文集>, 靈光:昌文堂, 1940.
12. 和田一郞, <金剛山集>, 油印本, 1923, 국립중앙도서관 소장.
13. 鄭亢敎, "栗谷 李珥의 '楓嶽行' 分析", <東岳漢文論集> 5輯, 서울:동국대학교, 1990.
14. 최 철, "기행문학의 한 고찰", <人文科學> 42輯, 서울:연세대학교 1979.

〈資料〉

（封一）

必須待風和日暖讀之如是讀訖後發其踪宕也
此卷必須挾詩豪韻衲讀之如是讀訖後尋其興
緒也此卷必須盡一日之力一氣讀之如是讀訖
後摠攬其起盡也此卷必須展半月之功精切讀
之如是讀訖後細推其膚寸也

遲菴先生文集卷之四

樓高瞪四望統領一山萬景故人皆無詩以丁海左亦閣筆不成古今板揭樓上者皆寂寥無警䇿惟吳西坡層層浩劫長留雲窟首遙空不墮蓮䑓撲嚴無數飛騰浩欲怒有時天碎一不勝孤夕陽到頂光難定淺雲粘鬢態各殊之句膽炙人口亦帶病非無瑕玉也睡餘窩使刻僧持板上樓沉吟而終不成詩坐樓半日無聊而罷云
名區題名自是弊俗而此山爲最雖絕壑深洞苟有平石則鑱刻名字殆無一片空隙而皆是百年後人物也然則古人之名皆吾食水磨泯滅而無耶余念

古人循蹈實地不喜浮夸故逢勝地佳景輒詠寄興而已或有晉名山中以結真緣則墨題巖六軒楹秋江錄中松蘿菴櫺上有故人金大猷題名者是也及其世下俗偷好名之心勝好事之習成墨之不足刻鏤石上刻之又刻無虛日故長安表訓楡岾新溪之僧無非刻手又設置冶爐鍛鍊鐵釘例隨遊客之興後而無寸金酬工此可見古今之異俗習之變而惟金沙溪金千鎰僧惟政之名如披沙得金以古蹟愛之

竹北安仁一日讀遲庵子海山錄須有法焉此卷

自楡岾南麓爲石帆山懸鍾巖永郞湖鑑湖自杆城
餘支成白島橋巖青湖花湖仙遊潭雙成湖清澗亭
烟雲之景魚水之觀別造湖海新境山勢之包跨已
廣大無邊而景物之變幻送出無窮也
每年三月九月花開楓葉狀其事至奇其名至清使人
兩伻謂之花發狀楓葉狀其事至奇其名至清使人
遷遷俀俀若將退擧高飛而惜其不通於騷入韻客
孤負仙界新景邃入風塵俗客使雲水清泠之區變
作松下喝道也
詩之難難於狀物狀物之難最難於狀金剛也歐惶

潋山巖洞之水例皆淺則白潑則絳絳過為碧碧過為黑而此山萬瀑之水為潭為泓者潑而絳絳而浮黃氣新鮮美妍之色若投紙而染絳過為黑之水亦有黃氣謂之水性則他山之水亦然乎謂之土極清水極淨則業鏡洞水淺瀨潑潭皆成純金色白霞潭溫井嶺水皆瑩然虛白者何也吾不知其由也
山水之雄秀景物之奇麗都在東之高城西之淮陽而皆是雲蘿水石巖峯王洞及其四出支脚馳逐海正則自新溪北麓成三日滿海山亭七星峯海金剛

夕陽閃閃燦燦則皆一般色大抵白者皆高峯絕頂
而叢積於內山歟絕頂之峯或有不白者十王峯上
中下觀音峯長慶峯放光峯是也中腰以下或有純
白者毗盧之趾沿溪石壁圓通洞之須彌塔是也外
山則溫井嶺一帶九龍淵九井峯皆白大莊峯半白
半黑而其外則或黑或紫歟東出薄海又成羣玉臺
七星峯石帆山懸磬巖白島之白而皆粉白未知
石性不同而然耶石脈有時起伏而然耶雪岳寒溪
之峯往往皓白南中俗離錦山之峯亦白馳驟大幹
之中一線白脈隨而南下往往發洩於千里之外也

土岸自地上直立崒起直至絶頂故當兩岑交趾溪流其隙則路皆或崖或溪其變不一而只認彼巖前石後過去入茇屢土痕而已及一雨淋洗盡土痕則茫不知所從雖導前之僧亦或迷昧矣萬瀑洞之路東通外山自是一山大路而亦自香爐之趾躡扶亂石岁容一足而往往崎嶇涉溪無一武平步外山則九龍淵之外無如此絶險嘗聞此山之石皆白意謂石質如川上之白石風磨雨洗而然非也皆白苔之紋抱石堅凝粉白者濘白者微青者微黃者各樣形色自有淺淡之別而輝照

山之有正陽天公會事之地也蔥籠萬象羅布四面
出沒無常隱現不一苟非四亭八當之地則何以一
覽而領會耶此所以有楓嶽而正陽而其狀最奇於
月夜也吾之上歇惺樓也適當十三日月高中天萬
籟俱寂立之峯若向我拱揖重重之戀若向我酬
酢虛白空靈之像上通霄漢而凌虛駕鶴之仙逼近
欄楯然則此樓此山之最也此夜此樓之最也此遊
吾遊之最也
世間雖雄高峻側之山支脚下垂處則皆平而奧路
出其上雖通泬絶之壑而不窮此山則無論崖壁與

通菴萬瀑洞普德摩訶衍萬灰佛知四菴楡岾洞祝
壽菴白蓮二菴新溪寺普門菴在而皆二三老僧餐松
孤棲昔之溪八之地登高之處皆廢塞不通而今之
遊者只見廬山之虎溪四明之雲門而已
此山之千巖萬石皆造化翁一番戲劇之場也奇詭
譎怪之狀無物不肖無形不具而就中立者類立佛
坐者似坐佛是豈造化翁觀佛像象其形以騁好奇
之技耶豈生佛之理與山石俱萌其爲形影耶然則
佛者亦天地間固有之物而其兆其朕現發於鴻濛
始芽之時耶

艇菴真佛熊虎水精五菴百川洞有靈源大松蘿小
松蘿顯佛四菴萬瀑洞有香爐獅子普德潤筆妙峰
五菴萬瀑洞之上有摩訶衍萬灰巨彬妙吉祥佛知
白雲新圓寂舊圓寂文殊九菴外山則榆岾洞有大
寂真見性水雲靈隱般若明寂白蓮祝壽紫月九淵
十菴大莊洞有上元栢田咸佛頂寂滅開心上草
幕下草幕雲樓繼祖大莊十一菴鉢淵洞有上不思
議中不思議下不思議三菴新溪洞有大明太平吉
祥兜率普門五菴今皆一幷頹破惟長安洞長慶地
莊二菴百川洞靈源菴表訓洞正陽白華圓通洞圓

珠璣也壯偉則王京之十二樓閣也皓白則雪山之
嵯峨也靈秀則琪苑之燦爛也天工之秘藏地靈之
蘊積洩盡無餘故環山數百里絶無衣冠縉紳詩書
禮樂之士以至民物亦蕭條冷薄柳州所謂楚南多
石之氣不為偉人信矣
自羅麗至我國中葉禪菴僧社遍於內外者爲百八
而以余見聞計之內山則長安洞有長慶地藏極樂
明水觀音養心靈瑣雲永彌陀三日安養普賢新林
十三菴表訓洞有白華正陽修普三莊寄寄開心安
心養心頓臺眞歇天德妙德十二菴圓通洞有圓通

以一山不無利鈍何也余曰此所以為楓嶽也天下之至大至高者皆有利鈍以聖賢之德業言之曾子之魯而質鈍也而詩書禮樂利也程伯子之篤實溫厚鈍也而學問思辨利也以文章之體格言之韓吏部之淵溪閎博鈍也而雲漢天章利也杜草堂之沈鬱蒼健鈍也而清空華豔利也能知聖賢德業文章體格然後可以觀楓嶽也

大抵山之體樣以石而成故峯巒無非石也崖壁無非石也隱於土皮鋪於地上者亦無非石也統而觀之則滄海上一塊大石也而其璀璨則波斯之萬品

窈窱幽敻之致萬瀑洞有光霽清朗之致摩訶衍有
清寂邃密之致毗盧洞有靈神明爽之致大藏洞有
窅窅冥冥之致楡岾寺有豐厚曠遠之致九淵洞有
清泠瀏妙之致鉢淵洞有嚴壯崷崒之致九龍洞有
森嚴蕭烈之致各以所長幷集一山如八珍之充腸
五音之盈耳而吾於此間眇眇一粟之身耳以一粟
上鍼孔之眼無形之心賞其大賞其奇又能領衆竅
會衆美納於眉睫藏於方寸有所體認而不至滲漏
則吾眼之奇吾心之大大於山之大而又奇也
或曰外山之質厚體尊鈍也內山之清峭奇麗刹也

嶺自西而上則平地云外山若是雄大故巖壁石峯亦雄大可畏也內山若是奇麗故巖壁石峯亦奇麗可愛也因其所大而大之眼大心大無所不大因其所奇而奇之眼奇心奇無所不奇不奇而能大大而能奇則非徒一山有奇大之別以至支峯窩窟亦皆有調格之不同長安寺有幽妙閒靚之致紫鏡洞有陰晦疑沍之致百塔洞有潑絕巖邃之致靈源菴有高絕蕭灑之致表訓寺有平寬虛曠之致正陽寺有爽塏高遠之致圓通洞有

里而山以大小也聞漱池嶺瑣瑣自東而上則崷絕

測其洞之所窮實寞不知端倪而常疑神景異觀秘藏於其中萬物草奇說尚置未了則外山之盤據雄大浚非內山之比而吾乃神迷魄悸不知究詰也

一山大小之不同以地勢而然也長安表訓坐內山平地而與外山半腰上榆岾相等自表訓上水岾未滿二十里自百川橋至水岾為五十里如懸之路而彌勒峯九井峯又加十里之高則外山之高通六十里也故上水岾東俯海雉則如九泉之坑坎而西窺泉壑則不甚低陷蓋地勢之西高東陷較以三四十

以愚蒙者而但盤巖潑妙之體或有少損故源無不可窮之源岡無不可登之岡萬壑千峯八五範圍中領會而外山則不然始於水岾之下見彌勒峯萬丈全石之挺立石笋而噢了一驚再於隱仙臺見十二層瀑十里石壁疊峯衆壑之澪留岿嵥三分竦神及到百川橋下鉢淵洞外統見一山大體則蒼欻蔚然之色上薄靑冥巖峯石嶂如叢筍之抽立雲潤霞谷如亂麻之皴裂此自是巨山之上再成一山合勢高之而山上之山皆人趾之所不及鳥戢之所不通故雖見千丈之瀑不知其瀑之所出雖入數舍之洞難

峯中觀音峯下觀音峯長慶峯與長安後峯合成一
山門戶而洞天中萬瀑圓通百川百塔白雲松蘿鴈
門圓寂洞萬瀑千峯皆八毗盧之府臨統率則此
堪輿家一席之地非面而何如新溪鉢淵在毗盧之
後大藏楡岾在東出一支之外不八於毗盧之
而適足爲外藩之侯邦則非背而何悟公之論只見
東出一支之爲一國大脈而不見毗盧之向西開面
欲易天定之面背也
內外之體勢有不同者內山則奇峭娟妙光潔神秀
自作瓊瑤洞府琪樹玲瓏乃盧敖徐市之張大誇說

悟公曰是山原於長白起於黃龍伏於湫池奔騰而來盤結於此向東馳出為天吼雪嶽五臺南為大小白迤于頭流則內山為外山為面余意則不然凡以堪輿家論山觀之每以主岳之向背為面背玄武垂頭右虎抱之左龍回之中開一席之地為內為面自玄武龍虎之後皆稽背其形固然其理當然此山以毗廬為宗而向西南山隆起西出一支為水晶峯熊虎峯開心峯放光臺南回為拜岾長安寺後峯東出一支為九井峯百出峯月出峯鷹門峯內水岾彌勒峯遮日峯白馬峯外水岾西回為十王峯上觀音

使奴子直入泮中與家姪景運候待於梨峴瓶門秣馬發行入興化門景運果來待於梨峴路上聞家鄉平報直出南城士仰家

楓嶽總論

華嚴經曰海中有怾怛金剛諸山億萬雲無竭菩薩率其眷屬云云蓋釋迦現世在成周昭王之時而隔絕中國聲聞不通安知越中國數萬里之外有海中之金剛乎此蓋魏晉齊梁之士與圖澄鳩摩羅什般刺密等譸出佛書也挿八此條以奇其說爾

嘗見驪江翁東遊錄則與楡岾僧天悟論山之面背

二十日發行綾原公子墓在村後上山考見碑文南
行數里踰磨峙嶺歷板運店路傍上下移秧方劇至
恩陵前村八禹姓人家土仰從兄成謨之爲陵官
也任累年晝員與土仰親切也日未午而被其挽執
一行留宿
二十一日早食發行四出十餘里京山四面谿然而
開出八楓嶽之間眼目太高道峯之羣巒水落之諸
巖屛岁無定開睫而自仁王一帶南山全面雲烟草
木依依如故鄉山川久客之行若赴吾家也與三友
拈韻聯句渡王宿川踰忘憂嶺歷箭郊坐路傍店舍

踰嶺而西連行溪峽至安保驛又左夾大江而行歷超然臺入加平縣主倅成彥霖使人問訊又逢張趾源上倅握手叙話自官備送夕飯主倅與土倅偕來穩討

十八日食後入見主倅同上客館叙別發行南下歷屈雲驛秣馬南坡店江上名村也涉小溪南行十里西踰小峴宿黃沙谷李正言宗榮家

十九日午後發行踰小峴抱天掛山而東入鹿洞金哲慶家被碩章所引也夜宿金俞孟煥舜至從弟之家許監司堰後孫寓居隣舍來訪

落曉烟蒼茫發行西出渡新淵津楓嶽萬瀑之水南
會䓗堤津金城川為狼川之毛津至此而合昭陽
烏楊根龍津也西入山谷而行朝飯於山店上石坡
嶺嶺勢絕高北瞻華岳南臨龍門東俯春川楓嶽東
脈別出一支為楊口之猪山春川之清平山遇昭陽
江而止此為一國最短脈而亂山重複之中大開數
百里平野左夾昭陽右夾毛津西南物貨舟楫相通
土壤沃厚民風淳朴及過邑府萬山千澗又回抱重
疊自作鐵甕關城而非外宼之可入故京城士大夫
多置庄宅往往寓接仍居聲名文物為關外名鄕矣

子孫世守也投宿李生家名機

十六日食後往訪知退堂主人李檗此人以神才名世所成就不如其才一村諸李皆從事弓馬為主人苦挽午後發行西至牛頭村青華公八域志中第一名村也通開東西大野良田美疇極目無邊前泊江漢舟楫魚鹽花果遷之利流通叢集故民居櫛比烟火相連南行渡江上昭陽亭南負鳳儀山北通牛頭曠野西引狼川之毛津前臨大江島關西名亭暫憇聘望宿春川邑

十七日早起上聞韶閣繽紛羣山暎帶澄江遠近墟

下水谷店

十五日踰大谷嶺石惡路險步步休憩至江岸江自飛項津夾白遷南流至萬義驛北折十里又南流渡江合楊口大路秣馬江上孤店挾江西行歷富昌驛至淸平洞口北窺奇峯疊嶂頭角崢嶸吾輩之舍大路八春川者將欲歷八淸平寺登九松壇俯雙瀑上西川息庵尋李資玄遺躅淸寒子筆跡間寺中時氣大肆憂過洞門悵戀難勝歷祈樂遷至泉田村羣山谽谺大野中開一江回抱風氣明爽不覺嚮衿舒暢有大村背北向南隱映松間知退堂李公卜居而

四五少妓持酒壺肴榼而來使妓輩次第唱歌穩坐
半日趂午下衙軒夕後月色明澈江聲清動率妓輩
出坐江岸吹笛命歌歌關東曲數闋各成一詩八夜
還衙而宿
十三日畱食後主客登衙後高阜趂午下來
十四日幾明以四緡綢二斗米二斗大豆二斤南草
贐行食後發行幾明爲餞別中路南下五里至諫議
峴列坐松陰爲贈離別詩叙別發行渡繩項津南下
二十里秣馬江上孤店歷白遷萬義驛舍南走洪川
大路西踰加禾里峴樹密路狹復躡山中洞天宿峴

名馬高據山臺俯臨清江白沙脩瀨照暎欄楯四山
擁抱亂松陰陰亦勝景也此距麟蹄縣未滿數弓而
聞主倅申光河方烏西關之行其子申南相幾明程
銜遂開筆硯貽書幾明曰關東有四仙復來李遲庵
聖哉睦沙南景執禹白潭士仰崔栢高碩章也遍踏
楓嶽之萬二千峯北登待中臺叢冠亭南泛三日浦
淩金剛仙遊潭靑草湖再宿洛山寺西入雪嶽寒溪
遍觀烟霞水石飄然而歸聞震澤光生風降集合江
亭聞飛鳥出山怊悵而坐汝倘有許椽家遺風佩酒
而求未久幾明揮汗忙步踹踹而至相與握手叙話

所記知此瀑之爲東方第一今日力引諸友蹤越險阻而諸友皆不信之始乃噴噴叫奇呵服且高倍於九龍奇過於朴淵若不見此而歸幾虛今行余始有辭於諸君而芥滯之曾欝然無礙矣日晡下臺至寒溪寺古基五色嶺大路合於此矣始登輿西下到王流洞登石上少坐又登輿至寒溪村奴自圓通店牽馬而來歷靑銅遷宿圓通店
十二日發行挾川南下舟渡回淵源出楡岾南麓紆回數百里至此合雪岳大川也轉一曲至合江亭五臺北洞之水北流百餘里至亭前合雪岳之水亭以

不知瀑在何地與人以路危請下少前俯窺則身在萬丈壁巔而瀑在於斯矣稍下百餘步小岡東出西入抱壁爲臺北對瀑面土仰碩章已超然而坐矣東西鐵壁戌削辣直開展大洞天而一條飛瀑自雲端倒下縹緲中天如萬四白練而其始下也銀波雪濤淪淪濺濺猶有舊發之勢及下墜澗底力盡氣散無卷擣噴薄之聲有時山風橫吹白波中斷散爲霏微烟霧風止卽直下風吹又如是頃刻奇變不可名狀昔中朝人見此瀑歸設於兗州會州作寒溪瀑記而其狀物逼眞非目見者所可及云余嘗見古人

前後擁蔽陰凝之氣逼於毛骨積翠之色濕於衣衫壺中查查之行有勝於百塔九龍而水石綿亘一洞奇壯之觀迨無虛步非萬瀑洞之可敵也登輿數里宿永矢菴

十一日將南見寒溪瀑北至溪源寺古址橫涉溪水南望猪嘗嶺而行危峻嵂嶪甚於綾項半嶺以上杖而行以下登輿而行上嶺脊是爲寒溪山而通於雪嶽矢山外興軍來待山內興軍告別數日同苦頁有戀別之情而爲我擔輿者名獻䟽麻杖人情可念下山歷上乘大乘古址坐澗石攤飯復登輿而下里餘

之名瀑何限而未聞如是之奇也坐潭上石墩盡意
優遊杖策西下五里山幾盡下水欲平流而兩峽極
天束立巖峯石嶂出沒無窮丹崖翠壁隱見無常杉
松簇立天日無光溪石嶔崎錯落或平或側或高或
低或白或青或黃或黑爲湍爲瀑爲潭爲瀨步步新
面曲曲奇景難以究詰而路無常度步亦隨步
斜結苔蘚膩滑蹀蹀頓地寸寸休坐行二十里天容
少開路亦稍平始出人世而回顧來路杳然雲嵐矣
世謂此山盤據雄大不如楓嶽而溪查逈絶則過之
今行出三十里長谷支川裔澗左右相合潨林亘木

菴國師峯在東靑峯在南七星石在北羣峯列嶂逼
近面前下臨人世蒼蒼杳杳此是天下至深處
而經年閱歲人跡罕到也遂分韻作詩余以雲沉稀
見日春盡少逢人爲韻聯意塞沉吟忽見數三鼫鼠
超食石上晒松米余卽以松米同鼯食巖扉與鹿隣
爲頸聯詩罷題名巖六庵軒有李道南額筆朴師海
詩板飯後循澗西下十里至水簾雙瀑一瀑自鳳頂
而下落於東壁而高幾十餘丈一瀑自南澗而下層
層節節淪濺濺落於南崖若從天而降不知爲幾
百丈分掛兩壁倒注一潭幷勢齊力渾成潑廣東國

坐化矣

初十日將南至鳳頂庵行幾十里西折至伽倻洞沉沉窅窅三光不入如墜九地之下白石跨據一壑延布百餘步水流濺濺曲折爲奇適五六遊入自鳳頂而來各問山行勞苦仰視前路大嶺壓頭或輿或步脅息而上有巨巖當逕屹立十餘丈脈理皆片片折裂整齪薺齊如疊積累萬卷書所謂經冊巖遂上絶頂鳳頂庵近在數十武七星石列立左右如諸佛之立外山天吼峯新興洞府闢發坐面矣從西脊稍下十餘步有石上雙塔制度精巧自塔左數十步至

古清寒子所棲也東負馬脊嶺北引萬景臺南拖摩巒翳而西回萬朶蓮花千疊疊商雲瓊抱四面而中開窈然深絕之區清寒子之偏愛此菴有所以也八夾室見清寒子影幀二本一居士時像一祝髮後真也神采清韻浮動面貌若與斯人對坐潑山問答前塵也菴前澗開土庭庭畔有平鋪大石俯臨潑澗分坐石上拈韻作詩以寓感慨之懷曰曦入菴一僧餐松飲水獨守孤菴夜深清坐問山中古事僧曰此山於關東諸山最淺八月始雪三月始解故山以雪名而有時大雪封閉澗壑經冬徂春鳳頂之僧往往飢枯

又憑輿東行里餘橫入小澗路勢如懸隨步轉多奇所
土厚無石至一小峴南俯五歲庵距峴一矢約而峴
之一支西走百餘步斗起萬景臺抱菴而南蟠爲登
萬景臺脫冠解衣西步而出約過數十武攀木援石
匍匐脟行有時下窺尾谷若將舉身墜下寸寸用力
既上絶頂谿然平開內山之峯攢澗谷盡在足下巉
巖嵬嵬剚剚为为神離鬼刻如珠貝之陳列者一山
之千巒萬峯也回回曲曲冥冥窅窅森嚴陰沍爲鬼
魅之憑依者一山之千澗萬谷也松檜楓栢梓檞櫸
櫟蒙密蔽遮淒寒肅烈之氣有時逼身矣下臺至菴

潭興僧不來率路僧一人導前而下一老僧迎拜於
中路曰昨見新興寺私通而不言行次由某嶺臆料
自馬脊而下故送與僧于五歲菴俄聞自此而下故
悒遽而來下嶺至黃龍潭曰已舍山北行數里涉溪

八百潭寺宿別堂

初九日將東八五歲菴寺僧飛文山外諸村俄而輿
軍齋數日粮一齊來待蓋此山亦串楓嶽例民無身
役故聽令卽到也食後題名楣間涉溪東行歷黃龍
潭溯溪而上至沙彌菴愛水石幽奇下輿盤遊歷潑
源寺古基至永矢菴雪嶽之千峯萬壑始呈露半面

初八日新興輿僧來候南八飛仙臺即仙臺水中奇石疊出層高為瀑為潭為臺為磯左壁右崖東立嶕嶢薜葛交覆楓松鋪陰源頭杳冥亡處叢叢立之峯隱伏澗中或微露頂尖或高聳全體有一大石儼然如臨陣悍將具甲冑橐鞬垂手起立望之絶特盤旋移日還極樂菴招輿僧問西蹤内山之路曰自飛仙臺西蹤馬脊嶺而上則雖捷徑而萬丈石峯往往斗絶惟從菴西緩項嶺最便遂輿八西洞半日崎嶇之路盡在樹陰行幾十五里坐山澗水清處與輿僧攤飯自此杖策而上巖巒皓皓宛然楓嶽全面也百

大屋子而穹石撐支三面自成盦窟名念祖窟窟中構四楹丈室附菴桶於巖端畫以丹碧神彩晃前有數刃削壁環抱成屏蔽遮全體門外咫尺之地不知有菴只見數點青烟逶出巖隙而已門外有龍巖左有食堂石石上有動石一人撼之有餘千人動之無加登窟左石臺穩坐移時仰見天吼列峯擁北崢嶸若將傾壓南山櫂金城層石吐仰飛瀑獻媚呈能東聳達摩屈峯外碧海連天一山名區當爲第一晡時下山至內院菴小憩西上五里宿極樂菴多有高僧韻釋可與談討也

八少許下興坐松陰南望權金城石峯宛然白雲作
奇形霞映彩大瀑自壁巔飛下淪淪白波直注巨壑
石鏟路絶人跡不通不見其流之所止惟半腹以上
高掛雲表復興前進樹陰夾路聲籠山幽溪清絶
之趣愈入愈新五里至寺殿閣寮舍包絡一洞領東
巨刹也八別堂僧進寺記義相所刱闢濱所記也午
後登興北上數里天吼大石峯潤展全體如主如笏
如釰如戟如火之燻如濤之洶如鍾鼎之列置如英
蓉之新吐奇形壯勢呈異鬪巧天將大雨則必先鳴
故名天吼又號鳴山中央最下趾大穴斜出如結構

臺至觀音窟海岸側壁上構大樓俯窺樓底大石坼裂開一道大溝東通海水西入山根是為觀音窟雲濤雲浪逆射溝中撞舂衝擊蕩潏起伏雷霆吼怒人坐其上弁與一樓搖搖幾予傾倒倚樓扛艣海觀甚壯主倅申六年書問一行以三斗米一束海魚二束海藿賻行兼送新興寺與軍夜為風濤所亂不能安寢

初七日有客僧二人來謁乃吾墳菴僧也客地相逢不覺驚喜上寺朝飯由虹門而出比行歷降仙臺西轉十五里至雲岳洞門新興僧整齊候待登輿而

上大聖自窟中伸臂授水晶念珠曰自窟上行至雙
竹踢出處可營二殿安排象設也乃於其地刱寺卽
玆寺而我 翼祖與貞淑王后祈嗣於此寺生 度
祖故 太祖春秋遣使設齋三日 世祖行幸親臨
厚給田土奴婢改搆殿宇云
初六日與諸友約留宿觀音窟盧重慶襄陽佳士也
與余有雅而居府邑距此十里騎馬西行至府西
林泉村盧生移接於隔溪西村與其弟揭溪入草堂
盧生驚倒出迎談討穩洽余作大篆十餘紙以贈之
還至寺諸友皆下觀音窟步下寺左澄澗暫憇義相

眼前嶺東觀海之勝必以清澗爲上而幷列於八景也登樓後萬景臺西望雲岳洞府天吼峯巒歷歷如掌中秣馬發行至束沙津津頭漁人奔走喧呼以鍬矢义魴魚數尺銀鱗跳躍沙中以橐中零銅買之至青草湖海霧霧薈不能領湖勝西踰小峴東轉數百步俯入虹門上洛山寺寺枉海岸山脊地勢高壠俯臨滄溟殿閣宏鉅寮舍周遭如千層廣宇虛起樓臺樓前有梨花亭東有賓日樓爲使星止宿觀日之處見寺記云新羅義相欲親觀觀音聖容坐觀音窟石上展拜二日尚未獲觀便投身海中海龍扶出石

之如畫穿數里松林西八仙遊潭潭水周四五里四
面回抱窈窕淡妙白蘋青蕚滿潭浮浮南兩斗八潭
中舊有駕鶴亭今廢矣遂出洞南行宿梧里津
初五日早起觀日出微氛暫翳不似南厓之清快食
後發行至橋巖津東望海中巨石峙立萬丈上銳下
圓全身皓白過照中天東馳一支如雛蝶之橫亘而
渾是白色或稱凌波島小蓬萊甿俗云白鳥島外醜
石絲絲八水如石梁之截海二十里至清澗亭上南
樓前臨碧海四無礙障天宇高寨八極洞開扶桑日
出之枝若將攀扶而鯤鵬之變化日月之出沒在於

而如出金石搠而細玩粒粒精實箇箇堅硬其色微
赤照日閃閃至席津秣馬歷明波驛踰艾峴佰大金
津
初三日大雨淋淋東風捲海震蕩澎湃閉門靜坐伸
紙開硯點寬詩句消遣長日
初四日雨晴士仰有河魚之病騎馬遵大路而行余
與景執碩章尋捷路倚海而行歷花津湖嶺東八湖
之一也至十里合大路至杆城北川土仰歇馬坐待
至邑底秣馬官奴家午後登映月樓小憩發行踰小
峴綠野平曠田疇迴開往往村落依山溪松陰暎望

上青冥不知所之卽蓬萊化去日也楊之一生精神在飛字及氣散也與之俱散云故知鑑湖之島名區眞境也行幾里無邊沙路海棠方盛紅光鋪地十里香風薰撲衣裾自通川門巖沙岸棠花滾滾不絕連絡百餘里到此極盛如入錦繡堆中方娛玩賊徐步而行忽聞怪聲出於虛中餘韻清空行立靜審聲亦隨絕又舉一二步其聲又出始知所踏之沙乃鳴沙而聲出屐底古歌詞所謂鳴沙十里海棠紅者吾今當之矣遂步步審聽軋軋嘈嘈如踏凍雪而聲外空韻如風琴之瀏然以杖穿之左右相磨戞戞作聲

名樵者來告曰彼懸鐘五十三佛所乘之舩而梢工
則立於七星峯巓矣昨見七星峯腰有石孤立酷類
梢工之操蒿立舣乃湊合成說以新見聞自閲淸畫
始也又行里餘海岸有黃孝子信元碑碑後有數望
明湖湖之北岸潑松陰映村落高低村後九箇保峯
立立如勢雲物淸妍水光涵空此鑑湖也北岸突起
小臺亂松蒙密者楊蓬萊飛來亭也亭後大村黃孝
子舊居也村後勿石之重重者九仙峯也南壁有
御風亭今廢矣余嘗見先輩所記楊蓬萊搆亭於鑑
湖作丹砂詩大書飛來亭揭壁上一曰風捲飛字直

西歸天空野瀾楓嶽全體宛脫大開彌勒萬景之石
查查如小指萬物草木井峯之雪峯鬱鬱如夏雲之作
奇凝神注目信步而行至帶湖亭前臨南江而江自
榆岾發源至京庫合大藏洞水鳥南江抱亭而東也亭新
構蕭灑淸潭白沙渡樹繁陰有幽賞淸爽之致命工
養珍驛合新溪鉢淵之水鳥南江抱亭而東也亭新
入張樂數闋遊人四集次第起舞日曛還宿店舍
初二日渡南江行五里歷永郎湖至懸鍾巖端石咸
岑崒嵂壯偉而南有石窟中虛呀然簷端下垂如
懸九金大鍾山下海石又充斥羅布有石舡石橧之

之觀不止水上之叢叢也諸友皆將至七星峯而余
惏於溪八獨下陸坐海上立石眼前七星峯如晨星
之落落箇箇攫玉照映中天白鳥翔集渾爲一色其
外無名之石或大或小或圓或方星羅碁布上下相
連者通爲海金剛也良久諸友回舟鼓樂而來與之
雜坐相顧而賀曰頃者攣髮嶺之開雲九龍淵之奇
遊南崖之觀日有若陰助今日海遊風息浪靜鼓枻
中流興極而歸此誠焉夷海伯顯相吾輩也年踰半
百始爲仙窟之遊而水滛曾懷自此豁然豈非幸耶
攜八津村官僕盛備海味進午飯晡時回程遵舊路

曲折絲竹轟咽泉石皆響依然俛仰於六鼇之頂逍遙於大鵬之背風馭冷然直至蘆篆山下矣至石盡處回舟南下泊於石峯攀上周覽則海岸斗起十餘丈丹壁如娑迤大屏而屏下雪白之石弁肩齊頭屹立水中者三所謂羣玉羣羣前萬石是海金剛也楓嶽石事已了其奇而用工之精細神巧有非山石洞巖之所可敵也命漁人採鰒佐酒休憩移日又乘舟鼓樂而下俯窺水中則其濺杳清澈百文而皆以白石爲底直置蠶削立左右對峙其出於水上崢嶸者皆頭角也倘使天吳移海爲陸全體盡露則其瓌詭

整齊舟楫船制狹小難容眾人候吏急赴上津棹大船而來是日日暖風靜海波恬息乾端坤倪一鑑空明轉海岸一曲則中流怪石叢叢瑣瑣詭詭奇奇整整齊齊亭亭童童五色交錯奇變難定計其重疊之數則自千峯至萬峯觀其長短之形則自數丈至一尺立尖銳者亦壁壘劍戟森羅也重重環列者王濤大會羣仙整班也鏤離奇巧孔穴斑斑山蟲之食葉也脈理綢結奇紋細細雲錦之垂壁也列若瓊樹之成林燦若琪花之照日天下之奇形詭狀怪觀異物幾遍一海彼岸此界各穿曲港舟入其中沿洞

高陵綠樹繁陰之間茅屋隱映夕烟籠罩上海山亭據客舘西臺西望楓嶽東望滄海故名焉東西兩龜巖擁衛於後南江襟帶於前海口石帆山七星石屹然雪立北坪大村暎帶松林落日虛明夕氣蒼沉宛然畫中樓臺也亭額揭金壽增八分大字古今詩板殆遍一亭乘曛下店主倅柱京傳令申勑明日海遊之事

五月初一日食後復登海山亭東八空衚見望岳亭有李艮翁壁記出門東行將遊海金剛適金化遊客以絲竹來到因張樂而行十里至立石津候吏先到

三十日上庵東山脊見石門食後乘舟泛湖與三友約曰舟泊處必作一詩遂鼓枻中流東泊石室拈韻沉吟雪衲小僧倚棹而睡余卽濡筆足成末句曰偶來石室遲回久倚棹僧眠白鷺汀又泛舟西至龜巖獅巖鼓巖各成一詩又南泛至丹書巖埋香碑又成一詩復登舟南下直至湖窮處回棹而上望仙亭庵僧備午飯而來攤飯穩坐左顧右眄不知日之已晡遂從東盧而下泛至東岸發行出松林戀別依依步步回首五里至高城邑錯落民居半枉江岸半枉
倚軒清坐神思蕭爽

如埋香木于沿海洲渚所謂彌勒埋香者佛謂今世
釋迦主之後世彌勒主之故沈香海渚待後天彌勒
主世烏奉藝之具其計溪遠而殊不知滄桑換易碑
亦埋沒復安知香木之埋處乎迷駴之識及不如杜
元凱之沉碑而當時士大夫之溺於佛教誕妄無識
若此也回舟北上泊石島登四仙亭一島以怪石矗
成而南角自成平臺可坐數十人亭北柱下有洪虛
白古詩一篇刻之碑石字字認讀東北水中奇巖文
錯列而龜巖獅巖鼓巖最奇也循北磴而下乘舟西
至夢泉寺垂楊蔭松掩翳湖洲萬頃烟波閃閃交映

清區幽湙閒曠之態穩麗清爽之體如淑女之靚粧雅士之矜持而于時天宇澄清夕陽輝照金波瀲灧鷗鷺翱翔蒼松翠峯倒影波中仰觀俯察不覺大叫一聲迤迴石島南下數弓泊舟丹書巖下石刻斜覆處仰見述郎徒南石行六字是謂仙人丹書也述郎者新羅人羅王選年少貌美能文之士稱之花郎又號風月主國仙厚資衣裝遍遊於湖山勝區述郎與永郎安詳南石行周遊關東泛此湖三日故浦名亭名存其遺躅丹書之上有彌勒埋香碑高麗顯宗時江陵道存撫使金天皓與嶺東列邑守宰及山僧志

木之擁衛也出洞歷長津至養珍驛秣馬西望新溪
洞府如對故人顏面而九龍高岡向我有情也千後
遵大路挾南江東行野曠川平風氣佳麗是楓嶽北
支東下大野烏三日浦之淸區高城郡之勝地海金
剛之奇觀也行十五六里北折從小徑而入洞天回
環亂松迷人不知三日浦所在四顧徊徨忽見鏡面
銀波隱映松間中流石島彩亭翼然穿松西入立於
湖岸高聲呼舟越岸夢泉寺僧應聲搖櫓而求登舟
泛泛周覽三十六峯繚繞如城中開一區名湖西貞
楓嶽而不見嶽色東逼滄海而不見海色自作雲水

秣馬林道至雲巖店店上不數里有百鼎洞而日暮不得入見宿南厓

二十九日店人告可觀日出天東赤氣微暈而四無纖翳良久瑞光漸透紫赤葱籠天水相盪烏紅波萬里如大銀盤者冉冉從波中出稍上一竿餘赤曦始生六合同明萬像昭回矣人之東遊海上者每被雲陰之障蔽而今乃怳覩是亦海若之陰助耶食後歷食遷少憩三印巖西入臥龍瀑一洞大石橫亘上下石湍石瀨石潭石泓石窪石圲石磯石臺葷葷萃萃成奇實地光景不讓於萬瀑九淵而但無崖壁之映帶樹

金幱袈裟窟外石勢皆倒垂俗稱觀音痛足巖壁巔
生石芝一人泊舟巖下連數十仞竹竿將摘下之風
雨摔至海水蕩潏幾死而出云踰東岡至喚仙臺南
望四仙叢石澗展列立與亭下削壁合成城柵形奇
壯之觀勝於登亭各賦四韻七律別景行西行十里
至楓溪書院寒岡先生俎豆所也先生萬曆壬辰出
守通川有遺化於一鄉故尊奉之夜宿日新齋
二十八日晨起謁廟我是新安絃誦之徒也瞻拜於
千里退邦景慕之情大異於拜檜淵泗陽之日也左
傍有古相崔潤德別祠八拜之食後發行歷通川郡

而先登叢石亭西來小山走入海中北首斗起而
亭在其上四石峯員崝壁離立水中皆東六面方柱
數十罙起十餘丈箇箇方直叢叢櫛比號四仙峯環
亭際岸橫立偃臥者雖有長短之不齊六面柱之整
整東成則一也坐久舟行環亭而西泊於岸上
亭而迎問穿島形樣則大白石屹立海中呀然窈穴
南北相通舟由而出入仰見石理則數百方柱之根
團圓下垂云至西岸漁店開戶而坐南望一線小山
斗入海中與石亭相對景行日此是金幱窟壁下圻
成數十步長窟窟中立石酷類坐佛石色斑爛如著

之味俱極鮮美曰晡還衙軒

二十六日主倅挽留吏退庭空無薄牒之煩主客穩話景行曰吾輩邂逅遠方從遊數日浮世樂事也以昨日侍中臺詩鍾揭衙軒使萍會之蹟不至泯沒何如皆諾之卽命工斲大板聯五詩刻之夕後共登衙後古堞逍遙而還

二十七日將發主倅以八緒銅三斗米二斗大豆二升清蜜五升米食二斤南草二束紙二器饌三級乾魚三十丁肉燭贐行餞於叢石亭至烏梅津乘舟八海觀穹島直下叢石亭而余辭以水疾獨騎馬遵海

軒二十五日與主倅聯枝北踰小峴五里至侍中臺萬頃圓湖包跨澗谷淨拭明鏡一線殘山若續不續八沙心突起爲臺萬松陰陰影酷波中湖外有一帶明沙沙外有數里長松松外碧海無邊一點卯島正對臺東如水中之芙蓉南望楓嶽巒嶂秀拔飛騰北望安德點點島嶼杳杳雲濤而六鎭山川直通眼前湖海壯觀當爲第一而世以鏡浦壓之何也昔韓上黨登臨此臺拜相之命適至故以待中名之吏人來設布帳茵席遂分韻各成一詩晌午廚人進大饌水陸

下至流洞日巳晡矣發程北行宿海上長津
二十二日歷瓮遷秣馬南厓津午後踰輿齋峴行未
十里大雨如注沾濕寒並戰雲巖店主人稱無糧越
澗至朝珍驛徑入村舍覓事方張無止宿之室還到
店舍買米炊夕飯而宿
二十三日雨勢不止幽蟄斗室崇朝不食冒雨發行
至林道倉津雨亦悵霽北行宿通川郡
二十四日踰郡後小峴東望金幱石壁叢石峯巔北
越文峴至歙谷縣縣令丁載運景行握手欣倒曰是
必自楓嶽而來矣因申勅廚人具各樣海味因宿衙

無虛歲故不履危不臨溪者不敢員而入以危地名世前者時宰閔百興入遊是洞也開鑿新路又橫木椊危故今則老嫗屛童亦能穩步齊入矣森籙翳薈陰昧瞢者白日風霆之所起怪物之依伏苟非多人羣行日暖風和則不可輕入也與三友分坐石上舉盃相賀曰是天下之至險一山之絶溪也雲則不敢入風則不敢入雨後亦不敢入而是日天晴嵐收風定日和使吾輩杖藜逍遙以窮奇偉絶特之觀豈非山神岳靈之陰助耶遂循壁北出瀑左絶壁頂窺見八潭源委蓬萊所謂動石洞而非禽獸之可通也

蹲南壁石面滑澤細膩皓白光潔直至瀑底扶石角俯見石上窪穴圓如錡釜水積溪黑龍腥逼人從小嘴溢下復為十餘丈奔瀑瀑下始成大淵深沉蕩漾不敢俯窺也是洞自新溪初入也溪平山逈絕無可賞自仰止臺以後峯壁對起爭奇鬭高或低或高或俯或仰最奇齟齬險怪盤礴直至玉流洞而不窮及其轉而西南也始謂壁盡而崖窮忽復送出崆峒嘘雲欲衍生嵐不勝其奇譎而到龍淵則磨礱天白石鑿成巨函上注飛瀑下瀦深潭始知重巒巖壁直逼二十里巨谷而危崖側石蹉跌隆轉死而不迤者迄

過此里餘飛鳳奇瀑飛下南峯石巔洒洒濺濺飄散空外又行里餘路由西壁之腰勢甚峻側壁下奔湍怒石盪擊澎湃竦身累足如蛇附而過始出平地步未一弓又有峻壁當前十三節鐵鎖纏繞倒垂攀鎖輪身如下坑坎下已上石臺矯首九龍瀑始微露其頭於雪屏之上轉身恘步循東壁中腰而入銀波倒削壁如萬丈疋練高掛層霄千尺飛龍俯飲滾潤餘波散沫隨風回轉洒洒晴空則如玉樓仙童掃下琪花月宮素娥散落明珠巉岏白峯擁衞前後比肩聯頭皷補空皷左右白壁合勢回抱環成壼中天地移

巖仰止臺穿石門溯溪而南八左右崖壁上石峯始出沒合沓眩前迷後一壁已盡一壁又生一峯既窮一峯又出步步指點行行顧眄側出奇怪之狀換面呈露神秀皓潔之色照目相輝行幾十里至玉流洞百丈臥瀑迅瀉石上風雷交吼烟雪霏微潑潭黛濤橫吞一澗盤石鋪潭上如設萬人坐席畱與僧八人使刻名石上西折轉一曲自此源窮不遠而山勢漸隘壁勢漸危水勢漸急石逕漸尺無一寸平步攀附巖角閃避亂石步倦而坐坐久又步崖忽中斷側立大木梯連躡十七層而上前進少許又有木梯

客沓至果添一役於新溪矣余自溫井西八之時下
興步行有一人隨後密告曰自蘿店北洞越三石嶺
則萬峯壁積之中有眞箇萬物草而無路險絕僧亦
牢諱云又在京時聞楊蓬萊私記曰自九龍淵上動
石洞攀越數岡則有千佛洞衆厄皆有物象云兩說
牴悟難以究詰朕其有萬物草則必矣而人不得見
之也曾者准陽守李東馨好奇好遊欲窮搜萬物草
脫去衣冠與官僮及僧徒遍捜一山風餐露宿五日
而不果云爾下山至蘿店僧進午飯飯已還新溪
二十一日八九龍淵西出涉溪八樹陰而行歷鼎坐

九龍淵洞

二十日爲觀萬物草登輿踰寺北小峴休憩溫井西行十餘里石逕之崎嶇巖磴之崚嶒無異內山而但洞天差寬亘歷六花巖薩店直至溫井嶺下北上百餘步登巖脊而坐叢叢小石如雪如玉羅布一壑至絶頂最高處簇立皓皓而絶無寸厇片巖彷彿物形余詰于導僧曰物形何桂僧曰是豈萬物草數十年前楡岾僧與新溪僧相失大言訐之曰九龍淵輿行爲新溪寺巨役倘添一役則吾見爾寺之墟矣走告於京師顯者曰溫井嶺下有萬物草虛聲四播遊

大刻楊蓬萊蓬萊島三字島上有蓬萊蓮社聽瀑樓古址雲陰蔽天雨氣霏微促行出洞北行十餘里新溪興僧候於松林登興八寺楓嶽北洞也負彌勒峯東登觀音峯南山大麓自西而東通十里純是一石石洞石巒石峯石顛層出疊秀絶無片土寸木巍然彤霞彩石直薄海雜是乃九井峯一支北出東回爲普門峯上中下不思議峯也新羅九王建寺中廢成廟時僧智了改搆今爲 顯隆園願堂寮舍有四而僧徒繁衆物力瞻富矣夜宿禪堂
十九日阻雨晷午後乍霽與碩章登殿後斷麓西窺

此無一石一巖樹林蔥櫳只見千巖萬峯巒蒼然蔚然雄厚重嚴之體如大德之君子至此而頭面換改奇狀又出矣行十餘里轉西一曲怪石奇巖森羅錯列自成一區乃是新溪洞門也先行至鉢淵巨石橫亘大壑中陷團圓如鉢飛瀑倒瀉水盈而溢濺濺石上爲泓者三淵上有跨溪石橋直上百餘步至古寺基敗瓦頹礫蕭條悽感寺南大盤石自中腰傾側僵臥如剖數十丈石槽倚立溪上水分兩派至此復合奔流迅急不容一瞥其下渟滀爲淵而潑不滿丈鉢淵古事有馳瀑之戲寺廢而戲亦廢矣上流又有奇石

此山厚給各寺土田奴婢置京庫二所一置山中一置杆城之烈山牧嶺東賦稅飯僧供佛令眷屬之惟榆僧於寺穀藏之庫舍置數十水碓舂米上之狂表訓時送奴馬於新溪納待榆寺私通來迎於京庫違期不來送土仰奴大漢使率奴馬趁明日早來十八日大漢率奴馬而來發行北向五里踰小峴東望三日浦海山亭石岡層層出海氣迷漫西望新溪之北鉢淵以西亭亭石峯層層巖嶂峻拔森立若萬雜崇墉千丈高柱撐支碧空靈奉之氣奇峭之形加於內山矣榆岾一面全是土山也自山映東南京庫西

絕巘以木棧劣容一足山內局面平衍土逕開潤可通牛馬之行而惟阻礫於此故一寺米穀皆擔負輸上矣東轉數里至狗嶺寺記所謂自狗導路處也自榆岾行幾十里無步步低下之勢如踏平地登嶺下瞰則百川洞會查杳泓㵾紆回屈曲之路直懸二十里而樹木四擁不見天日歷盧椿井尼臺而下至百川橋店佇見榆寺在於雲外隱仙九淵杳杳如天上買山醪歠與僧渡橋十里至京庫村野潤川平風氣清曠八山十餘日所見所聽惟岳色川聲始見綠野平林鷄犬喧鳴襟韻稍開也景泰丙戌光廟行幸

名山故寶而反易世代南秋江騾上翁辨之明矣奉
見光廟內賜鸚鵡杯琥珀盂指空金字經仁穆
大妃在西宮時手書銀字經貞明公主墨書及天竺
貝葉書所謂貝葉如樺木皮滑澤淨白蠟頭細字詭
詭奇奇難以名狀食後發行將北至新溪寺而山中
舊路自寺之東北踰朴達串歷佛頂臺壽鶴臺玉松
臺風穴松林窟圓通菴又踰昭陽串至鉢淵寺而鉢
淵之破路又廢矣烏東踰白狗嶺而行上山映樓使
僧刻名九淵壁登輿南渡白雲明月三峽丹楓四橋
至獐項溪上兩壁撑立水中自東壁開一線逕而中

西入金剛偕隨後尋之有老尼導前曰狗引行止於此寺偕創此寺以奉之是爲楡岾而宴漢平帝元始二年新羅南解王元年云自古俊佛者好爲虛幻之說以眩愚俗而無如此說之無稽也佛之入中國在漢明帝永平年間而大盛於南北朝始流入高句麗之一僧到一善之桃李山面壁趺坐人或崇奉之最後異次頓者贊成其法遂有佛教實新羅法興之世而今日漢平帝元始二年南解王元年若然則東方佛教先於明帝前百餘年矣閔漬文章士也淸名雅韻爲一代推重而今觀所記酷信浮屠幻說爲

是千年福地佛國名區也殿宇樓閣寮舍廊廡層
羅絡殿內刻榆根象天竺山環坐五十三小金佛左
安倭皇願佛右安唐天子願佛中庭建十三級石塔
孝寧公子倭時所造殿東有　光廟願堂篆喙井
盧偆祠門外有山映樓斷石作虹橋起樓其上引西
來大溪直注樓底爲水閣之勝是夜宿南寮
十七日寺僧進寺記麗朝勒安居士閔漬所記其
略曰金衛國五十三佛乘金鍾浮海至月氏國國王
作室奉佛佛夢於王欲去他邦王盛佛於鍾又浮海
至新羅高城郡泊於南江太守盧偆請佛所欲居佛

石巧歇穿九窟僧言創楡寺時壇塞龍淵大建佛殿
九龍失所移潛此潭各占一窟又北踰九井峯藏於
九龍淵云從西澗入九淵洞至艇潭以白石造蒙衝
大艦橫架一磐而四隅方正舵自具如巧匠之精
用繩墨水盈科從小觜流下復爲巨潭其狀大類萬
瀑洞艇潭而尤奇巧過之自潭右轉八一曲水石
清壯直至最深處有紫月眞見性九淵等菴因上萬
景臺云出洞東下至楡岾寺北負半月孤峯地勢廣
開土性豐厚四山合抱周遭有娟妙嫩細之態中貫
百川穩造平流舉目眺瞻無一塊惡石一片峭巖信

里登隱仙臺俯窺大藏洞沉沉杳寅如臨九泉之下
北對上中下不思議歡喜開心九井寂滅大藏諸峯
仰視杳杳如天上榆城也自開心峯飛下大瀑層層
倒瀉者通十二節仰觀之不知其源之所出俯視之
不測其流之所止瀑之東西萬丈鐵壁戌削如懸綿
旦十里而不窮通北諸峯之下古有開心寂滅栢田
雲棲繼祖上草幕下草幕大藏諸庵皆在絕頂自諸
菴盡廢路亦荒穢恨未扶筇理屐往尋秋古蹋恥
齋遺蹟只登一峯高臺界蒼回首遙起神想而已下
臺南行十里歷祝壽窟至裳巖巖下有大潭潭底大

突兀縱橫羣鶴飛騰彩翩翩疑有神境異觀秘藏於其間倘使吾輩優游三四日窮搜極撥則如衆香者不止一二而自丁酉大水石塞路絕無上山之客不能使我一登絕頂吸風雲撫八荒以洩滯鬱之氣是可恨也榆岾與僧促行甚懃遂登輿下山路甚夷坦無片石之欹崎百圍之檜千章之梓千雲蔽日半日行路盡是樹陰而時從欹隙北窺七寶臺西仰彌勒峯萬丈危石千疊奇峯或如夏雲之蓊鬱或如釼戟之列立神悚魄悸高聲大呼者屢矣馳下十餘里至使星中火站榆僧具午飯而來飯後北上五

黃基天同宿

十六日表訓與僧來待東行數里至妙吉祥遺址亦有水石之勝溪上絕壁刻百丈大佛懶翁所作而祈禱之所上佛知菴飲金剛水又東行至李許臺渡溪歷白霞潭轉上內水岾自摩訶樹木蒙密只通溪上一路至此而愈密愈繁側栢杉檜赤木楓林昂藏卷曲蔽遮左右而路無片土積石磊砢或步或輿盤紆十里上嶺脊內外山分開處也北望毗盧峯隆起如爿直揷中天自半腹以上絕無寸木青蒼決濘之中燦燦雪壁皓皓玉石羅絡上下如萬馬馳

筍亂抽鬼斧神劈繾綣化難測夕後上菴右七星臺西
俯萬瀑洞大小香爐青鶴峯半呈頭角回思過去光
景如雲漢乘槎往跡而漁子孤舟滾入靈源矣受上
臺北絕頂白雲臺以東雲峯之隱伏者面呈露菴
南石臺有石孤坐酷類小佛低眥趺坐云是曇無竭
化身華嚴經曰海中有怾怛金剛山曇無竭菩薩率
五千眷屬住居云云此是佛氏之寓言幻境以驚愚
俗而僧輩信之謂此山眞無竭洞天山中崇奉惟一
無竭故表訓正陽之主佛皆爲無竭今以山頭一孤
石謂之化身鳴鍾擊磬瞻禮甚誠可笑也夜與京人

引迦葉峯山勢合杳香峯壁出沒老檜孤松挺立蔽日
潑邐寶絕如八玄圃琪園也自中宮殿送四紅袖作
佛事嚴禁外人遂自庵左東上數里至萬灰菴菴空
已久有老僧新到方灑掃庭宇烏久罟計卓上無坐
佛又無畫幀問於老僧父手而對曰菴前立之石
皆真佛瞻禮於斯安用佛幀言之虛誕甚矣烏登白
雲臺自菴左東蹤小岾間望高臺石勢危險故用垂
堂之戒不上矣還至萬灰菴少憩下磨訶衍宮人之
佛事已畢而佛卓垂黃花緞新忤彩帷以諺字書本
支千億國勢盤石出坐菴後仰見後峯雲石簇立玉

曲折分坐石上舉瓢酌水攢飯而起因登瀑上平石逍遙窮日前進十餘步歷龜潭舡潭至火龍潭迴面之廣澗水光之灩靄兩岸之綠樹繁陰倍於珠潭於是香爐五仙之壁已盡而萬瀑窈矣是洞西擁香爐峯東夾五仙峯岡巒重複崖壁聳出十里一大石淨鋪澗底高者低者平者立者斗斷者峻側者嶔崎錯列者槎枒齦齶者皎潔如玉晃朗如雪一洞虛白草木生輝眾水奔騰隨境作奇其變不一而八潭最奇麗西岸有獅子峯遵峯趾東轉一曲八摩訶衍山之最中央也北負摩訶峯前對穴吅峯左擁白雲臺石

佛前架三層樓飛出空外東角則數閃木柱倚著崖石西角則撐以十九節銅柱下插澗底勢若懸磬搖搖幾墜以兩條鐵鎖經緯維持之臺上有小塔塔面細刻建立年月高麗仁宗從妹德寧宮公主所築也公主作配於仁宗醜穢之行令入掩耳且沾勢怙寵能張威福佛若有知豈肯冥佑乎倚臺北垣俯窺真珠潭僧徒冥有飯而來從石澗而下見銅柱至真珠潭白石平廣橫亘兩岸飛瀑倒垂跳珠散沫如灑萬斛明珠數畝圓瀅瑩開玻瓈落花浮紅飄轉汯洄潭外皓潔之石為臺為磯如張大筵席水流石隙清淺

派奔觸崖窾水石蕩擊兩雪霏霏下為方尺泓是
為噴雲潭潭水盈科汎濫飛下落而為瀑渟為巨潭
是為碧霞潭蓋上下二石通而為兩潭也雪潭之西
壁有大石室可庇數十人而飛波噴入衣巾盡濕擒
杖弄水上下逍遙仰見碧熖朱楹高掛絕壁是為普
德窟也自碧霞東壁攀扶峻壁直上百餘步又折而
北越澗而行地勢峻側石逕危險蹟四十級石堦八
僧社從廚門西出坐普德臺臺下斜築石堦西下十
餘步始入窟而堦之左邊俯臨萬丈虛空非膽大判
命者不能蹟下也窟之廣不滿尋丈而中安觀音小

聞直壁五岳而上之也憑欄吟諷雙袂僊僊疑超鴻濛御灝氣與羨門安期之徒拍肩逍遙也夜漥風露淒寒還宿寮舍

十四日周覽八角殿至菴左眞歇臺蘇黃諸詩所謂眞歇臺前峻上人是也眼前所見與歐惺樓同刻名木板揭樓檐來夕下表訓寺夜漥步月咸興橋上凌波樓各成一詩

十五日上凌波樓揭題名板步上萬瀑洞口命二僧刻名溪上盤石溯流北八少前得靑龍黑龍兩潭又前百餘步得碧霞噴雪兩潭源頭二派之水合爲一

逸則如長風捲海雪浪蕩潏也盤回峻拔體貌尊嚴則如皇居帝都雄壓四海也立立前後重重左右則如諸天花雨眾佛拱揖也巉巉矗矗怪奇如鳥驚獸林獸駿高山而若其夕陽斜照皓皓光潔則酷類冬春或雨或雪之時遠峃頭角帶雲香而有時回顧每每一驚一訝也天下名山五岳為宗若夫天台鴈蕩四明會稽廬山羅浮峨嶓武夷九疑三峽皆載山經地誌為韻士所遊逸人所樓也以中國人之好事好奇捜幽剔奇記載纖悉而未聞宏大奇怪如此山也倘得宗少文徐霞客一遊登覽則其聲價名

為摩訶峰迦葉峰須彌峰潤筆峰獅子峰大香爐峰小香爐峰熊虎峰抱須彌塔而西為開心峰放光臺南曰拜峰自東支為九井峰日出峰月出峰鴈門峰內水岾彌勒峰遮日峰白馬峰西下為十王峰上觀音峰中觀音峰下觀音峰長慶峰中地藏峰下地藏峰自彌勒峰後別出一支西下為穴望峰石像臺南曰為望高臺僧床峰石廩峰頓道峰五仙峰釋迦峰白遮日峰前別出一支西下為上地藏峰鬼王峰將軍峰牛頭峰馬首峰童子峰自開心峰別出一支東下為普賢岾金剛臺青鶴峰其馳驟飛騰氣勢雄

臺數株孤松蚪屈鬱然化翁之逞技呈奇至此極矣塔後山脊白石列立巑岏嶙峋燦爛奇濚是乃眾香城一支也尋古道出洞至圓通庵午飯初欲西踰普賢岾上開心臺大風猝起妨於登高直下萬瀑洞口自青鶴峯趾表訓寺後西行歷奇奇庵三藏庵上正陽寺至天一臺小坐北折百餘步上歇惺樓樓柱放光臺下開心峯之南占坐高堂之地四亭八當最宏通望一山試登樓四望雄蟠東北登插青冥者毗盧峯也自中支南下為眾香城西岔為永郎岾熊虎峯眾香城下為內觀音峯白雲臺圓寂峯永郎岾之下

洞赤龍潭是也慈雲潭之東古有艤庵今廢矣赤龍
潭之東有眞佛庵環擁怪石俯臨清潭亦毀矣是洞
溪無錯亂之厄險尺之徑半日行脚連蹋水上平石
緩步顧眄盡意從容而過赤龍潭東轉數里源頭始
窮而大冰寒路石益險路益危上下崎嶇寸寸休坐
遙見千丈白石聳起澗中如天神之垂紳儼立是爲
須彌塔環視石理面面坼裂片片穪疊如巧匠磨礱
斗大白石層層積成者凡五十七級下面圓廣合爲
百餘抱而漸次減殺直至絶頂僅尖銳之筆頭以矢
方石蓋之亭亭特立高出雲霄坐腹圬硬處自成平

名豈作名山勝蹟耶士當有其實則有其名與字宙而無窮豈獨筆之小技哉大小香爐當北特起青鶴峯金剛臺補敎西方五仙峯一支逶迤東壁而小香爐則矗立玄戶下揷水中巉峻巉削直欲傾倒西入軒同庵公兄弟題名撫玩悲愴歷龍曲潭北折五里至圓通庵舊與僧從庵左循溪而入上下十里之間圓通澗攀小香爐趾石壁而上見栗里三從崧遠志轉一曲則奇詭壁回作一洞天又轉一曲又如是曲曲新景開闢無常淸湍白石滾潭峽壁出沒呈奇移步換面所謂萬折洞慈雲潭太上洞淸泠瀨羽化

英宗又建萬人緣捨施碑於寺門使奉大命臣梁載撲之高麗臣權漢功書之有累層鑄塔及金香爐元帝所捨施也

十三日早發登輿東北行數矢約歷令公嚴至萬瀑洞口毗盧衆壑之水西合圓通洞水結絕山門也西岸大盤石平鋪百餘步有楊蓬萊楓嶽元化洞天八大字字體雄健如龍虎之騰躍藤葛之交縈見古今人題名敧漫一洞幾無片石之完且大筆揮洒後刻洞號者不止一二而皆磨滅無傳獨蓬萊之筆千古流名爲後人之愛玩豈不以仙翁遺蹟筆施高

三佛巖也入白華菴菴後有清虛堂休靜露月堂就
進故軒義瑩鞭羊堂彦機楓潭義諶白堂明照碑
崒碑右松林渡咸興橋入表訓寺在青鶴峯下北
負萬瀑洞東次五仙頓道兩峯西擁故光臺南揖拜
岾洞府平夷眼界寬曠非漢山風氣占坐內山總會
之地爲第一福地故殿舍之穠麗僧指之繁衆物力
之富厚與外山榆岾相埒上凌波樓看山聽水夜潑
還宿南寮
十二日阻雨奉玩 光廟賜山人性修御札龍錦畫
扇覽寺記羅僧表訓創之胡元至元四年戊寅二月

菴右王燭臺左右瞻眺盤坐移時僧徒促歸蹤獅子項循溪而下亂石之崎嶇有甚百塔洞矣從葉鏡洞而出至地藏菴前復登輿歷雲水菴彌陀殿百基到鳴淵萬瀑之水東轉出洞落而為瀑巨潭沉黑不可狎視也淵上有裳巖傾仄懸危以大木補之以防跌躓而過者懍慄僧言麗時富人金同尊尚佛教自稱居士搆菴淵上而居之自此溯流西入又折而北行山開洞闢萬景森羅自衆香城至須彌峯積雪滿空神光奪目瞪視行立惝怳如癡路傍有巨石屹立前刻三尊大像懶翁所作後刻五十三佛金同所作稱

如懸壁仰扶木根俯審足勢督息膝行艱上嶺俗脊
如釼鋒勞登一人之坐北望高臺以東穴望峯以
南千閃粉壁透迤山腰入洞之時赦於樹陰而未見
者也下嶺至靈源菴一洞最深處一山最高地也石
峯石嶂側立迭拔擁護四面烏瓊琚洞天而最中雄
起峻拔者東之白馬峯北之上地藏峯鬼王
峯將軍峯牛頭峯馬面峯童子峯皆謂瓌奇雪光
照天獨南麓十王峯列立如栅丹彩交輝天台之赤
城霞標亦當如是入坐菴軒幽夐清淨儘非人境譚
山者以此菴烏第一勝區非妄也僧進午飯飯巳登

命於藤蔓寸木凌虛超忽者屢矣厓盡而下躡溪石寸寸而行至水簾瀑崖又橫截路亦劚絕巖石之出沒愈往愈甚樹木之蒙密愈入愈深側柏蔓香高檜赤木木蓮老楓之屬蔽天成陰老死枯立白骨槎枒忽見洞府背陽處白山嶒峨彌滿一壑去冬之冰尚未融解其高四五丈自冰上轉八一曲源頭始窘而大小諸塔依附左右厓壁層崍立面面奇詭者難以枚數而多寶塔孤立十餘丈如銅標之岐拔逐磨墨石上題名側廣回步出洞至水簾瀑下調蜜水慰渴烏赴靈源菴橫入南澗穿樹陰而行山勢斗絕危

八古城當門雉堞依舊世傳新羅王子避世時所築至玉鏡峯後見金沙窟自此山益淺境益幽巖峯逶出不勝其奇厓壁束起不勝其危峯外有峯壁外有壁開而旋闢闢而復開回顧來路不省從何而入前望去路不審從何而出溪中宕石堆積棧彴左右趯躍前後扶攀東而西西而復東如是六七里始抵蘿菴古基山始開路始平而顧念所經若夢遊華胥也至靈源百塔合流處罡與僧候待使一僧八靈源菴備午飯東八百塔洞厓奇壁危無一片平步之地著足壁嶺攀援樹木蛇行蟻轉宛轉傾側往往寄性

右夾地藏峯左擁釋迦峯紆曲而行藤葛交縈亂石嶔崎殆不通人行釋迦峯在長安北望特一孤高奇石到此審之萬丈危壁橫亘東西奇形詭狀之隱於壁積者潤展大開罷露面目始知百川洞全以釋迦峯成之也舍與枚策至業鏡臺左右石峯拔地釴立巉屼崷崒如大屏之環抱凌陰凝沍積氣窨窅神悚意沮不欲久坐東壁上有累十仞平廣之石亭亭危立磨拭四面如菱花鏡迥挿雲空卽玉鏡峯也峯下有巨潭吞攄一洞所謂黃泉江也潭上有兩壁坼裂呀然爲門所謂地獄門也其稱出於佛語從石門而

難以畫筆模之也多見前人遊錄未嘗稱說此奇何也夜宿羅漢殿右寮
初十日曉雨開䦆靜觀羣峯出沒雲雨迷濛頃刻變狀令人神清午後開霽步出溪邊徜徉而歸淮陽守韓晚裕專倅致書以一壺酒二升蜜二升米食二斤南草一貼肉脯贐之傳令長安表訓兩寺辦進一行人馬供饋又送萬瀑洞古詩八篇求和又請見吾輩入山諸作遂製書䝴之兼呈四人登嶺入山兩詩八篇告詩則約看盡八潭後和送
十一日登輿渡溪東至地藏庵從庵右轉入百川洞

林行數里渡萬川橋入長安寺西負岾東對上中下觀音峯長慶塞地藏峯北擁釋迦峯洞府平寬萬川中貫名山初境已覺清奇平生曚昧今始蹋之眼前應接總是仙府風烟疑真疑夢惝怳如醉也有二層佛殿殿前有泛鍾樓樓前有相隨門左傍有羅漢殿冥府殿舊有山映樓倒于丁酉大水萬川石橋亦毀矣剏於新羅法興王元帝遣使重修捨施無盡燈木刻經函銅爐珠燈皆失之惟銅爐在矣出溪邊坐石登臺徐步逍遙北望釋迦峯簪揷雲鬢瞥霞映發峯後雪白奇峯半露峯角衡肩南覩一種奇狀

山抑又過之世之遊楓嶽者高坐嶺上一望雪玉光
景鳥初境奇觀而是日頑雲蔽日山氣沉霾只見羣
峯列宙如崩濤之頑洞鉅鹺之齦齶而已良久陰雲
解駁日光斜漏一山眞面皓皓呈露注目凝神心魂
飄蕩嶺東與軍一齊來待招年多稍解事者盤問岡
巒洞府之源委頻二指示下嶺至新院畱宿
初九日早食發行余騎馬先行溯溪而北溪出瑱嶺
隨天磨而來南合菩提水也行幾十里踰鐵伊峴奇
峯怪石逼近面前靜觀移時後行踵至下峴累渡萬
川下流歷長延寺古基卽至山門長安與僧來待松

初八日早發朝飯墨新店店主禹姓也士仰促膝昵語以同姓情意款洽日晚至瑪瑠村仰看斲髮領高揷天磨絕頂聞主倅傳令昨日已到故使洞任催發與軍居民之上山耕火者皆至矣自朝家軫念與軍之弊一嶺東西民戶除其身役官亦不侵烟役擔軍之上下是其當役故雖撥耕奔走無怨苦之語遂登與紆回屈曲而上楓嶽面目隔此一嶺而與忽忽士仰已下與一跦劃然先登諸人亦次第上萬二千峯直壓頂上鬱然蒼嵐橫塞中天昨年南遊方丈見其雄滾巨麗意謂東國更無高山今見玆

繩墨鉅鑢大者幾乎綱席小者如苫蓆鱗鱗覆屋雖雨不漏歲久堅緻大勝瓦屋異哉下樓東轉自此海獄雄臨鐵嶺不遠故岡巒峻拔澗谷重複至倉道驛倉舍民居亦半是石屋秣馬發行未五里舍鐵嶺路東望而行此亦大路也使星楓嶽之行車轂縉結故修路平廣無寸石之崎嶇歷上下岐峨兩村踰小峴至觀音邊北來大川抱遷而流悍湍脩瀨聲動潑峽是川發源於秋池嶺過淮陽府烏普提津烏狼川之毛津江也休憇遷上晡時踰山坂而下渡川上長橋宿通構倉店

意主倅又作書於金城淮陽兩倅懇囑顧助山行秆
賣李淸州趾光睦餘高萬中李承旨昌汲札專人送
之厚意可感叙別發行向北而行亂峽淩谷行旅稀
潤半日所見惟溪林巨壑棧馬峽中小店東踰中峙
是爲靑華一支西走漢城之脊脈也自此山勢稍開
矣行渡東流大川暫憩披襟亭晡時沿川而下投金
城郡高順奉家夕後主倅鄭東輔俾問且言劉髮嶺
輿軍傳令申勅矣
初七日早食上慶陽樓俯視一邑民居過半石屋間
近地山石脈理細膩縫隙坼裂片片平廣方正如閑

步上衙後茅亭筆硯詩軸酒壺肴饈已整整排列五人各拈一韻分坐沈吟主倅之詩先成有酒後方知天下士座中九賁嶺南家之句臨發以二緇銅二斗米二斗大豆二升淸蜜五升米食二貼牛脯二斤南草二束常紙贐行日士大夫不能致位廊廟晚從門蔭以圖暫時飽煖而官居適當通北孔道使星之冠蓋相望而吾以常禮待之惟是東入楓嶽之客必極意迎接責念我昔年以一奴一杖亦有是遊故不能無同志之感適官儲告竭所贐若是薄略回路當更訪願爲十日之遊余辭以歸路當自雪獄恨不副勤

積雲峽庫破赤壁是也留宿黃上舍基敬家其從弟
上舍基勉來話
初五日為主人所憩作古篆大字午後北至滄浪亭
叙別向金化緩步徐行顧望山河形勝或坐或起睛
時至生昌驛主倅洪益烈即使官僮傳訊又送夕飯
夕後使人謝方侍親瘵不能出請與相見土仰與碩
章人見夜溪而歸
初六日晨主倅俯問一行邀請甚懇四人齊入主倅
言議磊落氣宇豪宕知余為嶺人擊節稱賞曰千里
之外能作海嶽之行是豈尋常騷致乎因請與酬唱

廬兒舍草屋櫛比相連南岸一字丹壁如城堞之同
抱古松列立成陰松外大野極目無邊遠山微茫雲
烟浩渺北來大川抱流壁下烏數里澄潭眞名區也
是川自鐵原青華山發源南流百餘里至亭子淵下
合金化花江穿出陸昌大野烏臨津上流而上三
四百里兩岸壁立束起遠望之不見明沙洲渚黑
沉沉屈曲於野中如田間之溪溝故雖逢巨潦無沉
濫漬淺之患又無灌漑之利而惟是絕觀奇景綿亘
不絕如亭子淵七潭八萬巖孤石亭尊潭禾積淵熊
淵鍾潭長景壁松隅峽仰巖鶻巖封巖龍山石岐

豐田黃姓人所有也從塘西小澗而下欲窮源頭別境而前路斷絕佇立顧望之際碩章先從厓谷而登余與士仰踵後而上行過半腹勢益峻危欲退步下去回身俯瞰則所坐之地直當潭上峻崖逐盡力攀援而上始出峯巔由山脊而行有古城周遭橧櫨之址宛然猶存問於樵人國初巨盜林居正嘯聚徒黨占據此城刧奪東北賦稅之輸上京師者為關東巨患故遣將勦滅此其遺跡也出豐田投宿驛村
初四日早發踰可蘆峴至地境店秣馬隨花江北下至亭子淵月潭黃謹中別業而子孫世居也洞府寬

壑之水北流來積三溢而為三釜之號蓋出於
此而落者貊之方言也山中最溪處有龍華村羅士
治農烟火相連為武陵仙村村上有龍華寺北行數
里至三釜村入權姓人家自氷平以北水田少稻米
極貴謀於主人買一斗米西過豊田驛至蕈潭水積
淵上流也南北峭壁崒然對峙粧點一洞川中白石
累累堆積大小奇形略似頭流龍遊潭兄北壁有寒
樓庵前臨萬仞危壁繚以小垣以防蹉跌菴西百餘
步有聽澗亭地勢高略似寒樓而前厓高不能俯
瞰亭北十餘步有小塘產蓴綠塘上有數十架瓦屋

巖自東壁之趾一條白石走入江心特立十餘丈如
白龍矯天仰首望天下穿龍穴窟窿無底水積沉陰
自咸平湖以巖狀似積禾成堆禾積之稱岀於氓俗
李東洲旼號石龍堆尹白湖易名龍淵以雅之也坐
淵上石臺作詩識之歷坪村徧芝浦鐵原地也
初三日爲觀三釜落早食發行溯溪東行蹈谷口小
峴南入數里山高境滾黑石巉岏洞府陰邃百仞大
瀑高掛東壁飛流震盪直擣潑潭左右崖石崒起千
雲積沍凝陰白日無光從左壁之巔攀扶亂木踚富
而上坐瀑上石臺臺下石窟圬如大釜者三龍華衆

使小奚持酒肴而來列坐川上白礫傳盃分歡乘夕
歸金水亭夜宿白雲樓
初二日為金友兄弟李孝成作古篆大字晚食發行
歷永平縣北行五里得通北大路至雲川店秣馬逢
嶺南僧自金剛歸問山中消息內山岾冰雪未消萬
川洞花事始新云踰小峴圻關分界之地也山開野
曠直通百餘里小小村落暎帶松林散布原野夕烟
迷濛西北高嚴寶蓋諸山鬱出如萬馬之奔騰夕陽
斜照嵐綠如染不覺神魂飄蕩西下平坡數矢約至
禾積淵卽砌川之水東出西流也兩岸危壁東立巉

山環抱呂合萬木陰䕃蒼翠微茫潤遠平曠之觀雖
損於金水亭而幽邃蕭爽之致過之矣齊八廟內奉
審影幀白面皓鬚骨相清癯有林下散逸之態登臨
水樓靜坐移時樓下白壁逐水叢立逶迤百餘步壁
下平鋪大盤石皓白瑩淨各具奇狀有窪樽吐雲床
水鏡臺白鶴臺皆朴相所命壁面有朴相題詩谷鳥
時時聞一箇空床寂寂散群書可憐白鶴臺前水纔
出山門便帶淤滾有息致也從西壁而上幽花小臺
尋朴相拜鵑窩古址石礎猶存下山北至蒼玉屏下
仰看萬仞鐵壁上干雲霄員顒巋巋律奇狀難言金友

綠蕪平原極目虛曠遠樹長林吞吐霧中一派白礫
明川遙拖延練而來南邊小姑峯直壓樓榼清潭白
沙照映戶牖古人以金水亭為東方第一溪山非妄
許也昔楊蓬萊借居金氏樂而忘老今為故學士金
覺南別業後孫宅仁守之其從兄學士悅兄弟來
與之上下溪石逍遙盡歡曰晚東渡亭下小橋朝飯
於士悅家京人李孝成寓居隣舍團會從容食後與
金友兄弟及李君上小姑峯俯視金亭溪山景物遵
山腰西下至玉屏書院朴相思庵尸祝之所也自院
前受東來大川水聲淸爽北擁萬丈蒼玉屏西南大

壁西亭往其巔總會溪山形勝北壁之上兩石對立
呀然成門有韓石峯洞天石門壺中日月鸚鵡裏乾坤
十二大字其下奇石突起捍禦奔濤有中朝朱太史
回瀾石三大字東壁有楊蓬萊浮靈壁大金永亨六大
字又有亭主金慶復琴釣臺四大字南岸有小姑
峯娟妙端麗如半月之浸江鶬花檜松倒掛危壁紅
綠相映影醮澄潭潭上白沙彌漫如雪沙中有瓊島
撙巖蓮花石檀巖有楊蓬萊題詩詩語淸爽非烟火
氣亭西四十餘步有白雲樓高揭李玉洞大筆金
氏燕居之所也登樓四望東對白雲千嶂遠勢微㳽

龍洲與李天章唱和詩而昔泐不可讀昔龍洲翁大
雲中送別許眷雯於此頁爲作白鷺洲記以識別洲
下五里有川上奇石地誌所謂風流巖而爲黃秋浦
別業今廢矣來旦宿楊門驛
四月初一日大霧早發渡白雲溪橋卽白鷺洲大川
合雲山魯洲之水也至永平縣朝暾始昇霧氣稍開
遵溪西下五里至金水亭一拳土墩孤起野中狀如
牛頭故俗稱牛頭亭松檜交陰花木蓊鬱別作山林
幽境數閃白壁自北而起抱墩南轉削立懸危如
張大素屛雲溪大水衝觸北壁爲百畝巨潭直抵南

從行歷舉沿路諸名區俾無遺勝之歎食後發行與
趙聖賓至石隅村趙平壤鼎王家鼎王已死矣松川
趙公後孫永寶爾王迎接款厚欲與同行經紀甚勤
而終不能辨塵冗之絆人如是烏爾王之懇書古文
大字數十紙午後與爾王下龍洲書院漢陰龍洲二
先生崇奉之所也具服謁遺像李先生之
文雅風采趙先生之高標清韻若燕待瞻仰也遵溪
而北渡萬世橋至白鷺洲永平八景之一也青城之
水過七里灘滙烏潑洑中流有五六仞石嶼可坐數
十人丹崖翠松白沙脩瀨有幽閒清爽之趣石面有

墓下

二十九日早食發行踰石門山嶺抱川地也至松隅店秣馬縣居許勝菴晚好方外遊三入楓嶽聞吾輩東遊使其子瑱報余有願從之意余愛其疎方約歷路相訪景執騎馬先行直抵勝菴家聞勝菴方邊癘不能相面夕至加莅里龍洲先生祭嶺草堂墟渡清疎澗谷幽邃前對錦柱列峀先生之一號柱峯以是也主人趙觀基聖賓博學能文烏吾黨望員冠服出迎誠禮良厚因留宿

三十日早朝許勝菴使其子瑱貟酒餞來饋謝病不

城士仰家留十餘日共治東遊行事

三月二十七日行至水標橋樸巖蔡相公送酒壼藥九餌物紙束簡牘要路贐之又送數十件曆書備僻鄉要用之資其老鍊世事如此

二十八日早發出惠化門舍姪景運士仰之子秉河來送踰運亭後峴時當暮春桃柳正新佳氣靄浹午至樓院吳大濟家卽參判大益之族弟也借居武將李得濟墓舍而距道峯書院不滿數矢樓臺池沼花卉園林窮極宏侈與吳生移日周覽晡時發行至議政店北走大路迂曲西行宿楊州古州川碩章先

靄雲之薈鬱近觀之如積雪之嵯峨光潔奇巧脫殺
塵土元帝之所捨施　皇明高皇帝之所興歎域外
蠻夷之所瞻仰蓋此於閬風欽艶而處海外窮僻之
鄉騁天下雄奇之名蔚然爲靈眞窟宅瓊瑤洞天則
是固人人所願覩而我東人生於山下終身不見此
何以異於生居東魯不見宣聖乎余亦有志者久而
迄未一往只取前輩遊錄以寄神想而已上之十
四年庚戌秋以寒岡旅軒兩先生陸廡疏事西入京
師與睦允中景執禹景謩士仰崔鴻晉碩章有同遊
之約矣翌年辛亥春疏事已撤余率一馬一奴出南

坡復起雪嶽五臺大小白之脈自秋池領至華嚴寺通稱楓嶽而烟霞蒼翠通七百餘里其名有四一曰楓嶽二曰皆骨俗稱也三曰怾怛四曰金剛佛語也取華嚴經海中金剛怾怛之語以實之而金剛之稱最著蓋自羅麗崇奉竺教衣緇髠者遍居國內之名山巨岳以竺號加山水者無處無之而於楓嶽尤甚南秋江曹頤齋嘗慨然於斯欲改號易名然天造地設之奇觀勝景豈以名號之陋有所減損二十里之間高峯削壁潑林巨壑合沓潝洞眩東迷西不能究詰其端倪而至若列峀羣巒攢玉競葩遠望之如

遲庵先生文集卷之四

雜著

海山錄

楓嶽之脈自北關而起白頭南條馳下鏡城之西北
爲長白山甲山之東爲黃土嶺厚致嶺北青之北
頭無山咸興之西爲黃草嶺永興之西北爲釼山高
原之西爲麒麟山文川之南爲馬息山德源之西爲
雲雲嶺分水嶺安邊之西爲鐵嶺南爲黃龍山通川
之西爲秋池嶺瑢嶺高城之西爲溫井嶺始融結斗
起雄壓海維是爲楓嶽也南走杆城華巖寺爲連水

〈資料〉

海
山
録

지암(遲庵)의 해산록(海山錄)

인쇄일 초판 1쇄   1995년 08월 10일
          2쇄   2015년 03월 20일
발행일 초판 1쇄   1995년 08월 10일
          2쇄   2015년 03월 23일

지은이 최 강 현
발행인 정 찬 용
발행처 **국학자료원**
등록일 1987.12.21, 제17-270호

서울시 강동구 성내동 447-11 현영빌딩 2층
Tel : 442-4623~4 Fax : 442-4625
www.kookhak.co.kr
E- mail : kookhak2001@hanmail.net
ISBN 978-89-85465-73-1 *03800
가 격 8,000원

*저자와의 협의 하에 인지는 생략합니다.